Comunicação integrada
de marketing

Central de Qualidade — FGV Management
ouvidoria@fgv.br

SÉRIE MARKETING

Comunicação integrada de marketing

Patricia Riccelli Galante de Sá

Marie Haim

Ricardo de Castro

Vera Waissman

Copyright © 2010 Patricia Riccelli Galante de Sá, Marie Haim, Ricardo de Castro, Vera Waissman

Direitos desta edição reservados à
EDITORA FGV
Rua Jornalista Orlando Dantas, 37
22231-010 — Rio de Janeiro, RJ — Brasil
Tels.: 0800-021-7777 — 21-3799-4427
Fax: 21-3799-4430
E-mail: editora@fgv.br — pedidoseditora@fgv.br
www.fgv.br/editora

Impresso no Brasil/*Printed in Brazil*

Todos os direitos reservados. A reprodução não autorizada desta publicação, no todo ou em parte, constitui violação do copyright (Lei nº 9.610/98).

Os conceitos emitidos neste livro são de inteira responsabilidade dos autores.

1ª edição — 2010; 1ª reimpressão — 2011; 2ª reimpressão — 2012; 3ª e 4ª reimpressões — 2013.

Preparação de originais: Sandra Maciel Frank
Editoração eletrônica: FA Editoração Eletrônica
Revisão: Fatima Caroni, Marco Antonio Corrêa e Tathyana Viana
Capa: aspecto:design
Ilustração de capa: aspecto:design

>Sá, Patricia Riccelli Galante de
>Comunicação integrada de marketing / Patricia Riccelli Galante de Sá... [et al.]. — Rio de Janeiro : Editora FGV, 2010.
>172 p. — (Marketing (FGV Management))
>
>Em colaboração com Marie Haim, Ricardo de Castro, Vera Waissman.
>Publicações FGV Management.
>Inclui bibliografia.
>ISBN: 978-85-225-0843-3
>
>1. Marketing. 2. Comunicação em marketing. I. Haim, Marie. II. Castro, Ricardo de. III. Waissman, Vera. IV. FGV Management. V. Fundação Getulio Vargas. VI. Título. VII. Série.
>
>CDD — 658.8

Aos nossos alunos e aos nossos colegas docentes,
que nos levam a pensar e repensar as nossas práticas.

Sumário

Apresentação 11

Introdução 15

1 | **O admirável mundo fractalizado** 21
  A vida digital 22
  A marca como patrimônio intangível 31
  A marca como identidade e atitude 36

2 | **Comunicação e marketing andando juntos = CIM** 41
  O plano de marketing 43
  O marketing e a CIM 44

3 | **Um sacolão de ingredientes** 57
  Os ingredientes da CIM 58

4 | **Gerenciando tangíveis e intangíveis** 85
  As métricas para gerenciar a CIM 86

Comunicação fractal pede novo raciocínio   98

As fontes de pesquisa em CIM   101

5 | Este bolo não tem receita...   105

Vendas ou marca: é preciso escolher?   106

Por que é melhor adotar uma comunicação consciente?   108

Como lidar com a diminuição de controle sobre a própria imagem corporativa?   110

Como atrair a atenção de uma audiência sobrecarregada?   113

O dilema do cobertor curto: como investir a verba com mais eficiência?   116

Como avaliar e validar todos os esforços da CIM?   118

Uni-duni-tê: que comunicação eu vou escolher ?   120

6 | A comunicação fractal   125

Virtualidade real   127

O ambiente off=on   129

As marcas tornam-se estúdios   132

Tumultos-relâmpago a serviço das marcas   135

7 | Orgulho nacional: casos brasileiros   139

Natura Cosméticos: quando uma marca se transforma numa causa   139

Tecnisa: mais interatividade por m^2 143

Noronha Advogados: com elegância e relevância, o pequeno cresce e aparece   147

Petrobras: alta exposição para uma empresa que quer ser global   149

TV Globo: a construção colaborativa de uma linguagem multimídia   154

Conclusão   157

Referências   159

Os autores   169

Apresentação

Este livro compõe as Publicações FGV Management, programa de educação continuada da Fundação Getulio Vargas (FGV).

Instituição de direito privado com mais de meio século de existência, a FGV vem gerando conhecimento por meio da pesquisa, transmitindo informações e formando habilidades por meio da educação, prestando assistência técnica às organizações e contribuindo para um Brasil sustentável e competitivo no cenário internacional.

A estrutura acadêmica da FGV é composta por oito escolas e institutos: a Escola Brasileira de Administração Pública e de Empresas (Ebape), dirigida pelo professor Flavio Carvalho de Vasconcelos; a Escola de Administração de Empresas de São Paulo (Eaesp), dirigida pela professora Maria Tereza Leme Fleury; a Escola de Pós-Graduação em Economia (EPGE), dirigida pelo professor Rubens Penha Cysne; o Centro de Pesquisa e Documentação de História Contemporânea do Brasil (Cpdoc), dirigido pelo professor Celso Castro; a Escola de Direito de São Paulo (Direito GV), dirigida pelo professor Ary Oswaldo

Mattos Filho; a Escola de Direito do Rio de Janeiro (Direito Rio), dirigida pelo professor Joaquim Falcão; a Escola de Economia de São Paulo (Eesp), dirigida pelo professor Yoshiaki Nakano; o Instituto Brasileiro de Economia (Ibre), dirigido pelo professor Luiz Guilherme Schymura de Oliveira. São diversas unidades com a marca FGV, trabalhando com a mesma filosofia: gerar e disseminar o conhecimento pelo país.

Dentro de suas áreas específicas de conhecimento, cada escola é responsável pela criação e elaboração dos cursos oferecidos pelo Instituto de Desenvolvimento Educacional (IDE), criado em 2003 com o objetivo de coordenar e gerenciar uma rede de distribuição única para os produtos e serviços educacionais da FGV, por meio de suas escolas. Dirigido pelo professor Clovis de Faro e contando com a direção acadêmica do professor Carlos Osmar Bertero, o IDE engloba o programa FGV Management e sua rede conveniada, distribuída em todo o país (ver www.fgv.br/fgvmanagement), o programa de ensino a distância FGV Online (ver www.fgv.br/fgvonline), a Central de Qualidade e Inteligência de Negócios e o Programa de Cursos Corporativos In Company. Por meio de seus programas, o IDE desenvolve soluções em educação presencial e a distância e em treinamento corporativo customizado, prestando apoio efetivo à rede FGV, de acordo com os padrões de excelência da instituição.

Este livro representa mais um esforço da FGV em socializar seu aprendizado e suas conquistas. Ele é escrito por professores do FGV Management, profissionais de reconhecida competência acadêmica e prática, o que torna possível atender às demandas do mercado, tendo como suporte sólida fundamentação teórica.

A FGV espera, com mais essa iniciativa, oferecer a estudantes, gestores, técnicos — a todos, enfim, que têm internalizado o conceito de educação continuada, tão relevante nesta era do conhecimento — insumos que, agregados às suas práticas, possam contribuir para sua especialização, atualização e aperfeiçoamento.

Clovis de Faro
Diretor do Instituto de Desenvolvimento Educacional

Ricardo Spinelli de Carvalho
Diretor Executivo do FGV Management

Sylvia Constant Vergara
Coordenadora das Publicações FGV Management

Introdução

Habitualmente considera-se comunicação integrada de marketing (CIM) como sinônimo dos meios, ferramentas, ações e conteúdos que precisariam ser escolhidos e combinados por um gestor de marketing para resultar numa comunicação eficaz com seus vários públicos. No entanto, a missão de escrever este livro representou, já de saída, um grande desafio: a área de comunicação está atravessando um processo de desconstrução, rumo a um novo paradigma que ainda não está nem formado nem claro. É consenso entre os profissionais do setor, sejam eles de agências, veículos de mídia ou empresas de produção (como gravadoras e editoras), que estamos vivendo uma grande revolução. Ainda perdidos diante de tantas mudanças, em tão curto espaço de tempo, introduzidas pela internet e, mais recentemente, pela web 2.0, fornecedores, anunciantes e consumidores estão em um processo de aprendizado conjunto, para compreender a nova dinâmica de relações que se estabeleceu entre os vários *stakeholders*[1] envolvidos. Assim, falar em CIM é um desafio nos

---

[1] Públicos no campo de influência da empresa.

dias de hoje. Integrar "como", e "o quê", exatamente? Em que proporção e intensidade? As métricas tradicionais já não dão conta de orientar o planejamento e medir o retorno das ações, como ficará mais claro nos capítulos a seguir.

Nossa primeira decisão para este livro foi a de não repetir o paradigma antigo, porque seria um desserviço para a formação dos novos gestores. E isto deveria começar já pela própria estrutura da obra, de um jeito que proporcionasse a você, leitor, viver a experiência do que é esse novo modo de se comunicar. A comunicação atual se dá de forma não linear, em teia (a própria tradução de web) e em mosaico, ou seja, fragmentada, com múltiplos caminhos, conversas rápidas e compartimentadas, janelas que podem ser abertas ou fechadas, e através das quais muitos podem entrar ou sair quando quiserem. Assim, oferecemos ao leitor um livro com uma estrutura fractal, em teia ou rede, no qual cada capítulo "conversa" com o outro, mas pode ser lido de forma independente de qualquer ordem e se encerra em si mesmo.[2]

> Fractais (do latim *fractus*, fração) são figuras da geometria não euclidiana. Objetos geométricos que podem ser divididos em partes, cada uma semelhante ao original. Têm infinitos detalhes, são geralmente autossimilares e independem de escala. Podem ser gerados por um padrão repetido, um processo recorrente ou interativo. (Ver um exemplo na figura 1.) Fractais naturais estão à nossa volta, nas nuvens, montanhas, rios e seus afluentes, nos sistemas de vasos sanguíneos e nos feixes nervosos.

Como você já pôde perceber no parágrafo anterior, o texto traz palavras realçadas em cinza que oferecem uma espécie de hipertexto, remetendo para notinhas, dicas de sites e blogs, citações ou outros capítulos do livro. Caixas com minitextos trazem assuntos complementares ao tema principal do capítulo, como casos ou exemplos, dados numéricos e informações adicionais.

---

[2] A ideia não é nova; foi introduzida de forma visionária por Wurman em 1991, usada por Churchill e Peter em 2003 e, mais recentemente, a revista *UMA*, da Editora Símbolo, ganhou um projeto gráfico nessas bases.

Figura 1
IMAGEM DO FRACTAL *JULIA SET*

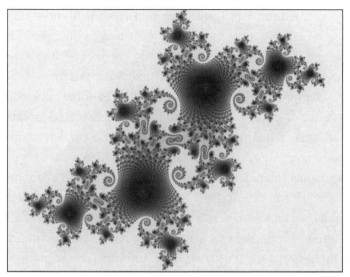

Fonte: Wikimedia Commons.

O primeiro capítulo se dedicará a posicionar você, leitor, diante do novo ambiente desafiador para a comunicação empresarial, especialmente no que se refere à vida digital e à gestão do valor da marca (*brand equity*).

O segundo capítulo apresenta os conceitos básicos do processo comunicativo, a lógica do planejamento de comunicação desde o plano estratégico da empresa, passando pelo plano de marketing, a integração dos instrumentos de comunicação, que dão título ao livro, e sua relação com marketing e vendas.

No terceiro capítulo serão apresentadas as diversas ferramentas e atividades para o gestor trabalhar, como um grande glossário no qual explicamos o que é cada uma delas, suas particularidades e limites. Por isso, a qualquer momento em que "esbarre" em algum termo técnico ao longo de sua leitura, pode remeter a esse capítulo.

Para permitir um melhor gerenciamento dos esforços da CIM, o capítulo quatro traz uma coleção de instrumentos de avaliação, além de uma instigante discussão a respeito da necessidade de se repensar o atual formato de mensuração dos resultados. Também oferece fontes de informação para que os leitores aprofundem seus conhecimentos ou busquem mais dados.

O quinto capítulo propõe uma reflexão sobre vários dilemas e questões que costumam surgir na vida de um gestor quando se trata de definir o melhor plano de ação em determinada situação, em função das mudanças no ambiente externo e da cultura das lideranças da empresa. Nesse capítulo abordamos a decisão gerencial de "se", "como" e "quando" usar as ferramentas, segundo os diversos objetivos possíveis ou pretendidos, mostrando que não existe uma fórmula única e permitindo ao profissional de marketing fazer combinações segundo sua intuição, experiência ou circunstância.

O sexto capítulo é uma provocação a sua imaginação, leitor, porque traz as tendências mais vanguardistas do que se está fazendo na área, graças à convergência das tecnologias e dos mundos real e virtual.

Finalmente, para sedimentar os conceitos, o sétimo capítulo traz uma coleção de casos de empresas brasileiras, de variados portes e setores, com diversas estratégias e ferramentas, demonstrando o uso da comunicação integrada de marketing em diferentes situações.

É bem provável, como em todos os campos onde o objeto de estudo está em intensa fase de transição, que os processos e dados apresentados aqui já tenham evoluído no momento em que este livro for lançado. Por meio dos links e fontes que sugerimos, esperamos minimizar esta situação inevitável, permitindo ao leitor atualizar suas informações. Situação também animadora, porque significa que fazemos parte juntos — nós, os leitores e os profissionais da área — do próprio processo de descoberta e mudança.

É nossa proposta que você, leitor, possa ler o livro do jeito que quiser: todas as caixas de texto de uma só vez, interromper a leitura e explorar alguns dos sites e blogs recomendados nos hipertextos, saborear toda a coleção de casos e exemplos, explorar primeiro o glossário, enfim, construir sua própria experiência da forma que achar mais interessante, e já vivenciar um pouco do ritmo não linear trazido pelo ambiente digital.

Seja bem-vindo ao novo cenário da comunicação!

1

O admirável mundo fractalizado

O que, afinal, mudou na área de comunicação? Quando mencionamos anteriormente desconstrução e revolução, não se tratava de exagero. Neste capítulo esperamos dar ao leitor um panorama do que está ocorrendo, mostrar alguns importantes acontecimentos que desencadearam as ondas de mudança e esboçar uma ideia de para onde a atividade parece caminhar — e, portanto, para que novos desafios o gestor da CIM se deve preparar.

Na segunda metade do século XX o sonho de todo profissional de marketing parecia ser aprovar uma campanha publicitária que contivesse veiculação de filmes na televisão. Veículo de massa por excelência, a TV dava uma grande visibilidade e alcance da mensagem ao anunciante, alimentava um sistema de premiações para agências de propaganda em festivais publicitários e trazia grande receita para elas e para as empresas de mídia. A "aldeia global" prevista por McLuhan (1972), um mundo interconectado por mídias de massa que forjariam uma cultura global, parecia ter finalmente chegado. Satélites, tecnologias de telecomunicação e informática, cabos de fibra ótica, tudo contribuiu para fazer as empresas provedoras de informação serem chamadas, inclusive, de "o quarto poder". Estava sedimentada a chamada sociedade da informação ou do conhecimento, mas de repente muita coisa mudou por causa de três letrinhas: www. Aí se iniciava uma grande onda que alterou toda a dinâmica de comunicação do mundo, os formatos de relacionamento entre as pessoas e, consequentemente, transformou a maneira como agências, anunciantes e meios precisariam trabalhar dali em diante.

> Primeiro poder = Executivo
> Segundo poder = Legislativo
> Terceiro poder = Judiciário

O "mundo achatado", do qual nos fala Thomas Friedman em seu livro *O mundo é plano* (Friedman, 2009), foi possível graças a uma conjunção de fatores geopolíticos, como a queda do muro de Berlim; tecnológicos, como a invenção dos microprocessadores e fibras óticas; econômicos, como a globalização, terceirização e formação de grandes cadeias de fornecimento; e informacionais — o que nos interessa mais diretamente neste livro —, por meio de conteúdos com código aberto, dispositivos móveis de uso pessoal, poderosos mecanismos de busca, entre outros. Friedman menciona o encurtamento das distâncias entre os indivíduos e as empresas, e uma horizontalização da hierarquia existente entre os países, com a crescente inclusão social e digital.

> Ele diferencia internet de www. Internet = uma rede de cabos e computadores usada para trocar pacotes de informação, com e-mails; www = sistema global de hipertextos, conteúdos repousados no ciberespaço e disponíveis para qualquer um, em qualquer lugar do mundo.

A vida digital

A *world wide web* surgiu em 1990 pelas mãos do físico Tim Berners-Lee, desenvolvida para o Cern (Organização Europeia para a Pesquisa Nuclear), a partir do projeto da

Arpanet[3] do Departamento de Defesa dos Estados Unidos. Este projeto existia desde 1969 com fins militares, desenhado para ser um sistema de comunicação que fosse resistente em tempos de guerra. Na primeira fase da internet (1992-93) foi estabelecida a infraestrutura da rede, usada essencialmente pelo meio acadêmico, com uma aparência tosca de fundo preto com hipertextos em linguagem HTML. Na segunda fase a internet ganhou o mundo (1993-95), ainda adotada por um público de vanguarda — os *geeks* —, sob a forma de BBS e com navegador Netscape 1.0. Entre 1995 e 1998 ocorreu a terceira fase, quando a internet atingiu o público em geral, com navegadores, diretórios, portais de empresas, lojas virtuais de comércio eletrônico, e o mundo empresarial ocupou a rede. Surgiram grandes empresas, como Amazon, Ebay, UOL, Yahoo, Submarino. Esse crescimento corporativo culminou com a "bolha da Nasdaq", quando várias empresas digitais implodiram, infladas por expectativas artificiais sobre uma estrutura de negócios ainda pouco conhecida e pouco rentável. A internet passou a ser uma espécie de "eletrodoméstico" nos lares e escritórios, com conteúdos úteis e inúteis, o que atraiu o interesse de grandes empresas de mídia, como AOL-Time Warner e Star Media.

> Howard Rheingold publicou *A comunidade virtual*, onde relata suas experiências em redes BBS dos anos 1980.

> Bolsa de valores eletrônica criada em 1971 que negocia ações de empresas de alta tecnologia, informática, telecomunicações e biotecnologia. Sediada na Times Square Av., n. 4, em NY/EUA, é aberta a visitas turísticas.

A quinta fase é a que vivemos agora, e que se iniciou em 2002 com a web 2.0, financeiramente sustentável. Todo mundo usa a internet, os conteúdos podem ser criados pelos internautas, que se relacionam em comunidades e blogs. Surgem grandes

---

[3] Sigla de Advanced Research Projects Agency Network.

participantes como Google, Orkut, Facebook, Twitter, Wikipedia e YouTube, mudando a relação com esse meio, de uma mera navegação para um verdadeiro mergulho nas malhas da rede.

> O termo web 2.0 foi cunhado pela O'Reilly Media (EUA) em 2004 para batizar conferências sobre a web pós-bolha da Nasdaq (falência de várias empresas pontocom), quando se percebeu que as empresas sobreviventes tinham uma característica comum: tratavam a web como plataforma baseada em redes sociais e fruto de uma inteligência coletiva, com poderosos mecanismos de busca e aplicativos que se tornam melhores quanto mais são usados pelas pessoas.
> Uma das regras que Tim O'Reilly propunha era o beta perpétuo, softwares em permanente aprimoramento e aplicativos repousados na rede, e não nos hardwares de usuários ou corporações, com códigos abertos e programação modular para quem quisesse colaborar. "The network is the computer"[4] é o *slogan* patenteado pela Sun Microsystems. Os softwares não são mais vendidos como pacotes fechados, mas como serviços mensais.
> O mesmo aconteceu com os conteúdos — a *consumer generated media* (CGM). Agora, todo mundo cria, contribui e compartilha fotos, mp3, artigos, filmes, notícias, críticas em blogs, fotologs, wikis, jornais online e fóruns, apoiados por licenças que liberam os direitos autorais, como o Creative Commons. A grande velocidade com que a tecnologia e conteúdos da rede avançaram nesse modelo é visível.

Reflita, leitor, sobre o seu próprio comportamento hoje em dia: você ainda assiste aos intervalos comerciais ou considera essa interrupção uma chateação e aproveita o tempo para "zapear" por outros canais? A quanto de TV aberta você assiste em relação à TV por assinatura? É comum não estar em nenhum desses meios, e sim navegando na internet com seu computador ou assistindo a um DVD alugado? Como você se sente quando, no meio de um conteúdo — seja uma novela, filme de cinema ou mesmo programa de auditório —, surge uma ação de *merchandising*, uma ação de divulgação de algum produto ou marca? Este é o modelo tradicional de marketing de interrupção, e a ele somam-se novas técnicas mais interativas nas estratégias de comunicação empresarial bem-sucedidas.

---

[4] "A rede é o computador" (tradução livre).

Segundo vários depoimentos no Wave Festival 2009, os latino-americanos são o povo mais presente na web, brasileiros à frente da tendência. O seu uso do celular e do computador está acima da média mundial, e no Brasil ficamos mais de 24 horas/mês nessas plataformas. Os 145 milhões de internautas nacionais passam, por semana, sete horas lendo notícias, três horas assistindo a vídeos, 11 horas em programas de mensagem (Skype, MSN) e 60% estão em redes sociais (por vezes mais de uma, como Orkut ou Facebook). Por isso o investimento em publicidade online cresce de 30 a 35% ao ano.

O portal Terra veiculou em tempo real, via web e celular, as Olimpíadas de Pequim, e teve mais internautas (1,5 milhão) do que a rede de TV americana NBC, que detinha os direitos de transmissão, teve de espectadores (1 milhão).

Em 2008 a pesquisa "O futuro da mídia", do Deloitte e Harrison Group (Deloitte, 2009:4-10) com pessoas das gerações Y (14-25 anos), X (26-42 anos), *baby boom* (45-61 anos) e madura (62-75 anos),[5] confirma a dominância dos jovens nesses meios, sendo que para 81% o computador superou a televisão como fonte de entretenimento. Jogos são importantes formas de diversão para 58% dos entrevistados, e 83%

> Saiba mais: *podcast* com Fernando Madeira, do portal Terra, em <http://wavefestival.mmonline.com.br/eventos/wavefestival/wavefestival 2009/waveFestival!video.action?idMul timidiaVideo=132>.

> **Baby boomers**: a geração nascida no pós-guerra, entre 1946-1964, quando houve uma explosão no índice de natalidade nos EUA.
> **Geração X**: também conhecida como gen X, sucede os *boomers*, de meados dos anos 1960 ao final da década de 1970.
> **Geração Y**: denominada geração milênio, seriam os nascidos dos anos 1980 até o ano 2000. Esta definição encontra muitas controvérsias, pois se sobrepõe às gerações chamadas W e Z (ou *next*), variando conforme o autor e a fonte.

---

[5] Mantivemos as faixas etárias tais como foram citadas na pesquisa.

produzem seu próprio conteúdo de entretenimento usando programas de edição de fotos, vídeos e músicas.

Segundo o Ibope/Net Ratings, só em maio de 2008 20,6 milhões de pessoas frequentaram sites de relacionamento, fotologs, videologs e programas de mensagens instantâneas.

Saiba mais: <www.ibope.com.br/calandraWeb/servlet/CalandraRedirect?temp=5&proj=PortalIBOPE&pub=T&db=caldb&comp=Notícias&docid=06DF60EF4DD136F88325750F0042E678>.

As redes sociais já desempenham papel mais importante que o acesso a e-mails no cenário da internet mundial. No mundo, enquanto em média 65% dos internautas acessam e-mails, 67% acessam redes sociais. E o Brasil é o líder absoluto em redes sociais, com 85% de seus internautas que acessam pelo menos uma. Na prática isso reafirma a tendência de se contextualizar, analisar e organizar de forma capilar os conteúdos, inclusive jornalísticos, em sites e blogs, deixando para trás os tradicionais modelos dos jornais impressos, cujas edições só são atualizadas a cada 24 horas e exclusivamente com conteúdos obtidos por sua própria equipe editorial.

Outra mudança revolucionária é a convergência da internet com o celular, permitindo o marketing móvel, que ainda esbarra em obstáculos tecnológicos (como a instabilidade das redes de telefonia), apesar de o mercado estar ansioso e apostar nessa nova mídia. Celulares que recebem códigos de barra promocionais legíveis pelos scanners já usados nas lojas, dando ao cliente prêmios instantâneos e dirigidos ao seu perfil; lojas que detectam a presença do celular do cliente nas proximidades e disparam um convite ou uma oferta via SMS. Serviços de relacionamento online que identificam a proximidade de dois indivíduos com perfis compatíveis e alertam os respectivos cadastrados, pedindo autorização para viabilizar um encontro ou bate-papo. Celulares com cheiro, que poderiam emitir fragrâncias usando um *chip* especial, tornando o marketing sensorial uma realidade. Com a tecnologia já existente, um cliente pode receber por SMS a dica de um espetáculo,

> Saiba mais em <http://amoraoplaneta. blogspot.com/2008/10/digital-cheiro-pelo-celular.html>.

numa parceria do produtor com a empresa de telefonia, entrar no Google para saber mais informações, convidar os amigos via *tweets* ou *scraps* privados, enviando a eles o link caso queiram saber mais, comprar os ingressos no site da casa de shows e enviar a localização dela pelo Google Maps, tudo usando o seu celular. Na noite do show, restaurantes podem detectar sua presença e convidá-lo para uma "esticada", acenando com algum benefício extra, como um desconto ou garrafa de vinho. Num futuro próximo, as empresas poderão aproveitar o perfil desse usuário, que hoje já é rastreável, para lhe enviar dicas de livros, CDs, outros espetáculos ou qualquer produto/serviços pelo qual possa se interessar.

> Saiba mais: <http://webinsider.uol. com.br/index.php/2005/10/31/ o-celular-futura-midia-poderosa-e-segmentada/> e veja o filme futurista (em inglês) *Epic 2014*, sugerindo a associação Google-Amazon, em <http://idorosen.com/mirrors/ robinsloan.com/epic/>.

É um mundo novo, pronto para ser explorado por agências, anunciantes, empresas de telefonia celular e mídia digital.

Com a web 2.0 e a convergência das tecnologias, a comunicação empresarial está vivendo uma grande revolução. As empresas perderam a centralidade das informações, porque qualquer um pode ser provedor de conteúdo a respeito delas e de seus produtos. O problema é que não detêm mais o controle do que é falado, ou seja, até que ponto a informação é confiável ou bem-intencionada. Em outubro de 2008 um jovem americano postou no iReport, blog de jornalismo participativo da CNN, notícia de que Steve Jobs tivera um ataque cardíaco. A Apple, que já vinha sofrendo uma crise de confiança dos investidores pelos problemas de saúde de Jobs, viu o valor de suas ações cair 5,4% e precisou se organizar rapidamente

Abril/2009: a loja virtual Amazon foi flagrada ao retirar de suas listas e mecanismos de busca obras com temática *gay*. Milhares de pessoas em blogs e no Facebook disseminaram o assunto, que chegou ao Twitter com o *tag #amazonfail* (falha da Amazon). Com dois dias de atraso, a empresa declarou ter havido falha técnica — um funcionário na França havia classificado o termo gay como conteúdo adulto, logo não listável nas buscas do site — o que gerou novo *tag #glitchmyass* (falha técnica coisa nenhuma), que se espalhou pelos usuários e causou grande prejuízo de imagem à Amazon.

para desmentir o boato, que se espalhou em minutos.

Há vários outros casos, ocorridos no começo de 2009, que demonstram o sistemático empoderamento do consumidor ao expressar suas opiniões, insatisfações e até vigiar o que as empresas estão fazendo.

O estudo "O estado da blogosfera", divulgado pelo site Technorati (Coutinho, 2008a), aponta que as empresas já estão presentes na blogosfera, gostem ou não, e independentemente de terem feito isto de forma voluntária ou estruturada. Isso porque, segundo a pesquisa, quatro em cada cinco blogueiros já escreveram suas opiniões sobre marcas, produtos, músicas, filmes e livros, a tal ponto que a Federal Trade Comission dos Estados Unidos estuda criar uma regulamentação para as declarações e inserções a respeito de

Segundo a Word of Mouth Marketing Association, os gastos nos EUA com mídia de relacionamento (propaganda boca a boca e informações via blogs, Twitter, Orkut e demais redes sociais) chegaram a US$ 1,35 bilhão em 2007 e deverão subir para o patamar de US$ 3,7 bilhões até o ano de 2011.

marcas e produtos feitas pelos anunciantes e pelos próprios internautas em blogs, páginas pessoais e redes sociais. A ideia é responsabilizar os fabricantes sobre falsas declarações, e os blogueiros e internautas por informações levianas e infundadas. Como resultado, restringir os efeitos tendenciosos e parciais de algumas ações de marketing viral. Obviamente que essa ideia causou grande controvérsia, porque a proposta original da web sempre foi ser um meio libertário, autorregulado e democrático.

A lição que se tira disso é que o formato de *broadcasting* que caracterizava a mídia de massa, na qual uma empresa fala para

SÉRIE MARKETING

um público amplo e desconhecido, não pode ser repetido no novo ambiente das mídias digitais, sob pena de um grande fiasco — ficar falando de si mesmo é duvidoso e pouco eficaz. Foi o erro que cometeu o senador John McCain e que talvez tenha lhe custado a eleição norte-americana, com um site que apenas disponibilizava informações aos eleitores. Enquanto isso, o candidato vitorioso, Barack Obama, mobilizou eleitores jovens de forma altamente interativa, com um site em formato *open source*[6] — o Mybarackobama.com — onde todos podiam formar comunidades virtuais, postar fotos e filmes dos comícios, trocar opiniões e ideias num blog, fazer doações online, copiar informações do candidato sob a forma de textos, artigos, discursos, filmes e fotos e repassar para outros internautas.

A inovação foi reconhecida com o Grand Prix de Titanium e Integrated, no Cannes Lions 2009.
Saiba mais detalhes das campanhas em: "Como Obama pode utilizar a internet a seu favor durante o mandato?", disponível em: <http://envolverde.ig.com.br/> e "Eleições 2.0 — o uso das ferramentas da web 2.0 nas eleições americanas", disponível em <www.ibope.com.br/calandraWeb/servlet/CalandraRedirect?temp=5&proj=PortalIBOPE&pub=T&db=caldb&comp=Notícias&docid=943692A2FA5B9048832574F70062A2E3>.

Também não se trata apenas de fazer comunicação um a um (o *narrowcasting*) com poderosas ferramentas de marketing de relacionamento. O nome do jogo agora é o *socialcasting*, uma conversação social usando os próprios conteúdos da empresa. Por exemplo, se o site corporativo não abrir espaço para os consumidores, eles irão buscar outra arena para se expressar e os sites ficarão obsoletos. Perguntas FAQ[7] pré-fabricadas estão geralmente descoladas das dúvidas reais. Além disso, a empresa precisa localizar os líderes de opinião, aquelas pessoas que detêm um grande capital social ou poder de influenciar suas comunidades. O problema é que, na internet, esses líderes são inconstantes, pois

---

[6] Código livre, ou seja, conteúdo aberto para receber colaborações.
[7] Abreviatura para *frequently asked questions* (ou perguntas frequentes, numa tradução livre).

aparecem e desaparecem com facilidade, como provam os estudos do Ibope Inteligência.[8] Isso significa que a empresa precisa, além de tudo, ser muito rápida em penetração nas redes sociais. Num meio com tal efemeridade, as marcas servem como um ponto de referência com sua atitude, comportamento e conversa. Resumindo: não é mais opcional para a empresa estar ou não na web, pois seus consumidores já a colocaram lá!

Tratar a comunicação como risco corporativo é essencial e demanda uma estrutura que administre essas relações, como fez a Natura, que tem uma equipe de mais de 50 pessoas internas e outras terceirizadas para monitorar a blogosfera e, rapidamente, responder a qualquer informação distorcida. "Humanizamos o processo para explicar o que acontece e dialogamos na mesma intensidade do interlocutor do outro lado", diz Rodolfo Gutilla, diretor de Assuntos Corporativos (Deloitte, 2009:14).

Se o site da empresa é um espaço controlado, nos blogs e redes sociais reina o caos, mas é dali que podem vir inovação, dados de pesquisa, tendências e a construção de vínculos mais verdadeiros com a marca. O perfil do profissional que irá administrar essa área estratégica da comunicação precisará ser multidisciplinar e incluir história, antropologia, sociologia, tecnologia, comportamento humano, psicologia, economia e política, segundo Paulo Nassar, presidente da Aberje.

Assistimos à desregulamentação dos meios de comunicação, e as ferramentas tradicionais do marketing não dão mais conta dessa realidade, nem o governo nem o Judiciário controlam o que se dissemina pelas mídias digitais. As empresas também estão muito pouco preparadas para lidar com essa nova dinâmica, que passou a ser um espaço de interação, mobilização,

---

[8] Disponível em: <www.ibope.com.br/calandraWeb/servlet/CalandraRedirect?temp=5 &proj=PortalIBOPE&pub=T&db=caldb&comp=Notícias&docid=7E7AA880823A3F 09832574CF0049A6AB>. Acesso em: abr. 2010.

mudança comportamental e cultural. Não se trata de dar poder às pessoas, mas de reconhecer que elas estão no poder. Agora o foco não é mais apenas satisfazer o consumidor por meio de atributos de produtos ou serviços, mas levar a eles conteúdo e entretenimento de forma leve, divertida, colaborativa; é saber contar-lhes histórias, envolvê-los ou, melhor ainda, engajá-los. Não é mais possível ganhar dinheiro apenas com o modelo de interrupção e repetição. Como ter consumidores engajados sem oferecer a eles uma causa apaixonante? É aí que entra a noção de valor da marca, ou *brand equity*, que exploraremos a seguir.

A marca como patrimônio intangível

O comportamento do consumidor tornou-se um verdadeiro quebra-cabeça: com a mudança de papéis na sociedade, não se tem mais a família tradicional, na qual conviviam o pai provedor, a mãe dona de casa e os filhos, reunindo-se pelo menos à volta da mesa durante as refeições ou em frente à TV. Agora pai e mãe trabalham fora, cada filho tem sua própria TV no quarto, muitas vezes as compras em supermercado são delegadas à empregada, a mistura cultural e racial das populações cresceu e "vale tudo, cada um na sua". Homens e mulheres cada vez mais moram sozinhos, solteiros ou descasados, surgindo a necessidade de novos tipos de produtos e serviços. Múltiplas personalidades são assumidas nas mais diversas redes sociais digitais que permeiam o cotidiano desse consumidor. Um consumidor que passa do físico para o digital instantaneamente, ora influenciando opinião, ora sendo influenciado.

O consumidor também migra de um perfil a outro conforme o seu momento de consumo. Para desespero das pesquisas de mercado, uma pessoa pode ser classe A na hora de comprar um carro e classe C na hora de se vestir, porque atribui importância completamente diferente a esses bens na sua vida. Um executivo sério e compenetrado no escritório pode revelar-se um participante de esportes radicais durante os finais de semana.

Qualidade tornou-se uma precondição para a existência do negócio num mercado altamente competitivo e, por vezes, globalizado; descontos e guerras de preço são péssimos para a lucratividade, pois diminuem as margens de comercialização; inovações significativas de produto são cada vez mais raras e facilmente copiáveis pela concorrência. E a marca, muitas vezes, passou a ser um grande alavancador de valor percebido e um importante diferencial na tomada de decisão de compra.

A variedade de canais de distribuição e de informação forjou um consumidor em geral mais exigente e bem-informado, que demanda conveniência e agilidade de atendimento e de entrega. Os produtos cada vez mais se utilizam da agregação de serviços para obter diferenciais — atendimento ao cliente, assistência técnica, sistemas de reparação e entrega — e tanto produtos quanto serviços adotam novas formas de comercialização, como compra por internet, por catálogo ou telemarketing.

Para o marketing, estas mudanças não foram impactantes apenas no sentido da mudança de perfil do consumidor. Como já vimos, o desenvolvimento das tecnologias de comunicação criou uma enorme concorrência entre os meios pela atenção desse indivíduo ocupado e exigente. O conveniente espaço do intervalo comercial nos programas de TV ou nas páginas do jornal agora disputa a atenção do consumidor com o videogame, a conectividade e a informação ilimitada da sedutora internet, a TV a cabo com seus mais de 100 canais e o controle remoto, que deu ao telespectador o poder de "ausentar-se" na hora dos anúncios, mudando de canal. É um grande problema, especialmente para os anunciantes, que precisam empreender uma verdadeira "caçada" a esse consumidor que não sabem mais direito quem é nem para onde está dirigindo sua atenção.

Isto explica a emergência de novas abordagens eminentemente interativas, como o marketing de relacionamento, as promoções e eventos, o marketing viral, o marketing de permissão e o *e-marketing*.

Surge também outra virada de perspectiva no início dos anos 1990, com a introdução do conceito de *brand equity* (equidade ou valor da marca) pelas mãos de David Aaker, professor da Universidade de Berkeley (Aaker, 1998), como resultado de sua observação sobre um aspecto até então pouco considerado por teóricos e empresas: a marca era o patrimônio mais valioso das corporações. Não eram os ativos físicos, como imóveis, equipamentos ou estoques que valiam mais dinheiro para os analistas e investidores no momento de uma fusão ou aquisição de empresas. O real valor delas eram seus ativos intangíveis, entre eles a marca e todo o conjunto de significados e de potencial que trazia em sua essência.

Em função disso as empresas rapidamente tiveram que se adaptar e eleger responsáveis pela gestão da marca dentro de suas estruturas,

> Veja mais no capítulo 4, que explora as métricas e indicadores.

além de formular indicadores para monitorá-la e medir seu desempenho. Várias empresas hoje são especializadas em avaliar o valor da marca, com metodologias próprias, como Interbrand, Millward Brown/Ibope, Landor, Reputation Institute, Young & Rubicam, todas atuando no Brasil.

Existe também uma razão econômica muito simples para que as empresas adotem a gestão do *brand equity*: como apoiar todos os produtos importantes do portfólio com a visibilidade necessária, atingindo os públicos devidos, dentro de um mercado altamente concorrencial e com uma mídia tão pulverizada e verbas limitadas? A solução passou a ser apoiar o nome do fabricante, ou seja, a marca, para que ela sirva de aval a todos os produtos do portfólio, ainda que alguns deles não tenham verba para grandes campanhas na mídia. Ela funciona como uma referência de qualidade e confiança, ainda que o produto seja recém-chegado ao mercado e o consumidor nunca tenha ouvido falar dele antes.

Mas atenção: a marca de uma empresa não é a mesma coisa que sua imagem. O conceito de imagem foi usado durante muitos anos pelo marketing como sinônimo da reputação da empresa no mercado, e ainda hoje este fator é muito importante para qualquer corporação. Mas não é suficiente. Também não deve ser confundida com a logomarca — que é parte tangível da identidade da marca — nem com as submarcas (a marca é Unilever — Omo e Lux são submarcas, que ficam sob a proteção da marca-mãe).

Marca representa principalmente o potencial futuro de sucesso daquela empresa, todos os atributos intangíveis ligados a ela que dão alguma pista sobre sua integridade, eficiência em fazer negócios, capacidade de reinventar-se permanentemente e atrair um grande volume de pessoas que se identifiquem com sua visão de mundo e sua maneira de fazer as coisas, desta forma construindo o maior e verdadeiro patrimônio de uma empresa: a lealdade de todos que se relacionam com ela. Quando a cultura de uma organização é tão admirada por seus públicos que transcende os limites da empresa, ela se transforma na cultura da marca (Zanini, 2009).

A Fundação Nacional da Qualidade, na sua edição do "Modelo de Excelência de Gestão", considera "as organizações como sistemas vivos, integrantes de um ecossistema complexo, com o qual interagem e do qual dependem" (Pagliuso, 2006:10), onde as empresas estão cada vez mais operando sob a forma de redes dinâmicas e abertas. Elas se tornam multiplicadoras do conhecimento e da cultura, e sua capacidade de inovação será tão maior quanto mais interagir com o ambiente externo, com as redes de relacionamento formais e informais que a cercam. Esse relacionamento precisa ser pautado pela ética, respeito, transparência e confiança mútua, uma nova maneira de criar valor numa economia cada vez mais dinâmica.

Gerenciar a marca é, portanto, gerenciar essa complexa teia de relações que criam valor para todas as partes interessadas. Não se trata de apenas administrar símbolos gráficos, nomes, desenhos ou uma imagem projetada, como o marketing fez durante muitos anos com ferramentas cada vez mais sofisticadas, que se apoiavam na antropologia, sociologia, psicologia e estatística: pesquisas de opinião, de mercado, de satisfação do consumidor, da concorrência, design de embalagens, antropologia do consumo, promoções para fazer o produto girar, segmentação, posicionamento, análise fatorial, análise de *clusters*,[9] entre tantos outros.

A marca ganhou uma dimensão de força, de patrimônio estratégico, o que demanda que as empresas centralizem seus esforços no trabalho de *branding*.

> Os 10 mandamentos, segundo Lindstrom: 1. senso de pertencimento; 2. senso de propósito; 3. confronto de concorrentes; 4. autenticidade; 5. consistência; 6. perfeição; 7. ícones; 8. mistérios; 9. rituais; 10. apelos sensoriais.
> Saiba mais: <www.brand.com/> ou <www.martinlindstrom.com/>.

Nenhum produto ou nenhum comportamento empresarial pode roubar valor desse patrimônio; tudo deve estar em sinergia e primar pela construção de vínculos duradouros e profundos com acionistas, fornecedores, funcionários, clientes, autoridades reguladoras, vizinhos, formadores de opinião e parceiros de negócio, funcionando como um verdadeiro ímã que os atrai e retém no "campo magnético" da organização. Alguns autores chegam a falar de "religião" (Lindstrom, 2007), quando a marca ganha seguidores e evangelizadores, pessoas que funcionam como mídia proativa, organizando e disseminando informações, tornando-se fontes de referência entusiasmadas sobre seus

---

[9] Grupos que guardam características correlatas entre si.

produtos e tentando incessantemente converter os outros a se tornarem também consumidores — ou seria melhor dizer "membros da congregação"? Alguns exemplos de marcas que conseguiram este nível de vínculo são Apple, Harley Davidson, Google, Nike, Natura e Banco Real — empresas admiradas, consideradas modelos em seus setores, com altos índices de lealdade por parte de todos os seus públicos, que possuem comunidades e rituais de uso.

A marca como identidade e atitude

Em um ambiente onde as empresas estão expostas, queiram ou não, a transparência não é mais opcional, e sim um fato com o qual devem lidar adequadamente. Se a qualquer momento a organização pode ser flagrada em suas inconsistências, a única saída é se comportar direito e compreender que todos os pontos de contato do público com a organização são também pontos de comunicação, de formação de significados que irão estabelecer a sua reputação no mercado e a qualidade dos vínculos que criará com ele. Em outras palavras, tudo que a empresa faz, conta: a performance de seus produtos, o cumprimento das promessas feitas em rótulos, folhetos e anúncios, o atendimento telefônico, o trato com os fornecedores, o desligamento de um colaborador, a eficiência do *call center*, entre outros. Segundo defende Ricardo Guimarães, da Thymus Branding, comunicação é exercício de identidade.[10]

> Veja mais no capítulo 4, que explora as métricas e indicadores.

O paradigma antigo era caracterizado pelo comando, controle e hierarquia, os passivos eram jogados para o futuro, e os indicadores ROI (retorno sobre o investimento) e SOM[11] (fatia

---

[10] Ver diversos artigos em: <www.thymus.com.br>. Acesso em: abr. 2010.
[11] Em inglês, *share of market*.

de mercado) definiam o sucesso da empresa. No novo paradigma, a eles se soma a percepção de valor, que nasce do estoque de boa vontade e admiração do indivíduo em relação à marca, e pode ser representada pelo *share of mind*,[12] ou identificação filosófica com a empresa, ou seja, o tanto que ela conseguiu conquistar da mente do cliente (não confundir com o índice de lembrança — *recall* — usado pela área de propaganda, mais detalhado no capítulo 4) em termos de consonância de valores e crenças.

Se a identidade de um indivíduo é a combinação de sua essência com sua circunstância, isto também vale para uma marca. E a sua atitude é o somatório de sua conduta com seu conteúdo, que sinalizam a "alma" dessa marca. A comunicação deve expressar os valores da marca e respeitar o repertório do público, mobilizando sua emoção e sua afetividade. Os conteúdos devem ser verdadeiros, relevantes e sem preconceitos,

> É exemplar o desenvolvimento da estética da ONG AfroReggae — baseada em elementos autênticos da causa que defende: resgate social de jovens moradores de favelas por meio da arte e da música. Elementos da poesia concretista, do grafite, cores primárias, tipologia imperfeita, fotos jornalísticas sempre em movimento. Veja o manual de identidade em <www.slideshare.net/patsario/afroreggae-book-linguagem>.

abordados de forma simples, direta, fácil de ser compreendida e com linguagem adequada. Não é necessário falar demais nem ser complexo, e a estética deve expressar fielmente a identidade da marca, de um jeito que, mesmo que a logomarca estivesse escondida, ainda fosse possível reconhecer quem é a empresa que está se comunicando. A linguagem, os termos característicos, as imagens, as cores, tudo em coerência com a "alma" da organização. Veja, por exemplo, os anúncios da Natura: em lugar de modelos, sempre utilizam clientes de verdade, com seu nome declarado, em fotos que lembram aquelas que tiramos

---

[12] Numa tradução livre, fatia da mente.

amadoristicamente em nossa vida comum; momentos flagrados com espontaneidade, graça, e uma linguagem extremamente poética e ufanista, que celebra as relações consigo mesmo e com os outros. Qualquer produto Apple pode ser reconhecido imediatamente, mesmo sem vermos a famosa maçã da sua logomarca; o design de linhas puras, com cores vibrantes e translúcidas, as embalagens lindas por dentro, com cada detalhe pensado e bem-trabalhado.

No mundo das marcas bem-resolvidas, parece não haver espaço para propagandas preconceituosas ou deseducativas, nem eventos com alta geração de detritos, sejam papéis, poluição sonora e restos de comida, desprezo pela qualidade de vida dos participantes, como filas imensas e aglomerações perigosas, banheiros insuficientes ou imundos e atrasos desrespeitosos. Muito menos para produtos que façam falsas promessas, representem algum risco para o consumidor ou venham de um processo produtivo sujo ou socialmente injusto. As marcas hoje estão sob intensa vigilância quanto à sua responsabilidade socioambiental e sua ética, e uma boa reputação representa um poderoso alavancador de negócios e menor risco para os investidores e acionistas, graças ao potencial de crescimento e perenidade no mercado que oferecem, e pela qualidade dos relacionamentos que estabelecem.

No fim deste capítulo, a mensagem que fica é que o gestor de marketing tem pela frente um grande desafio: escolher, entre uma diversidade enorme de ferramentas, aquelas que serão mais adequadas para construir bons relacionamentos com todas as partes interessadas, numa visão sistêmica e mais ampla de todo o ecossistema da marca. As ações imediatistas, os monólogos, as mensagens massivas, os conteúdos rasos e os produtos "irresponsáveis" não têm mais lugar no novo ambiente de comunicação veloz, incontrolável e interativa que se estabeleceu. As fórmulas antigas não funcionam mais e as novas fórmulas estão ainda em teste.

No próximo capítulo lançaremos um olhar mais conceitual e abrangente sobre o processo comunicativo, as atividades típicas e interdependentes das áreas de comunicação, marketing e vendas, a integração das ferramentas de comunicação no trabalho de marketing e o compromisso do planejamento de comunicação com o plano estratégico da empresa e seu plano de marketing.

2

Comunicação e marketing andando juntos = CIM

Neste capítulo é nossa intenção evidenciar as fronteiras que existem entre as atividades das áreas de comunicação, marketing e vendas dentro de uma empresa, assim como também a sua interconexão. Não se pode falar de integração na comunicação de marketing — tema deste livro — sem, antes, levar em conta alguns fatores importantes e que estão bastante interligados.

O primeiro desses fatores é entender a origem, o ponto de partida que motivou o nascimento da empresa e a sua história ao longo do tempo. Quando foi idealizada, ela seguiu a aspiração do seu fundador (ou mesmo dos acionistas), com uma visão do que pretendia oferecer e se tornar no mercado. Na sequência, uma vez definindo o que pretendia, era preciso estabelecer como chegaria lá. A isto chamamos estratégia, que, necessariamente, não é única; podem ser várias e simultâneas para atingir um mesmo objetivo. Outro fator relevante é que a estratégia envolve crenças que deverão nortear os comportamentos e ações da empresa.

O conceito básico de estratégia está ligado à relação da empresa com o seu ambiente, na busca de definição e operacionalização de caminhos que maximizem seus resultados. Em uma empresa, a estratégia está sempre relacionada à maior eficiência no uso de recursos de qualquer tipo — materiais, financeiros e humanos —, considerando a redução dos problemas e a ampliação das oportunidades (Oliveira, 2007).

Esta é a essência de um plano estratégico da organização — naturalmente de forma simplificada e resumida —, que serve de pano de fundo para a integração da comunicação, dando respaldo à visão estratégica da marca. Este instrumento servirá como diretriz para os gestores, desdobrando-se em um conjunto de planos e ações para garantir o crescimento e a perenidade do negócio. O planejamento estratégico deve ser elaborado de maneira integrada e articulada, envolvendo todos os planos operacionais de cada área da empresa, conforme ilustramos na figura 2. É a partir do plano estratégico global da empresa que se irão desenvolver os planos táticos de cada uma das áreas, entre eles o plano de marketing.

Figura 2
INTEGRAÇÃO DO PLANO DE COMUNICAÇÃO

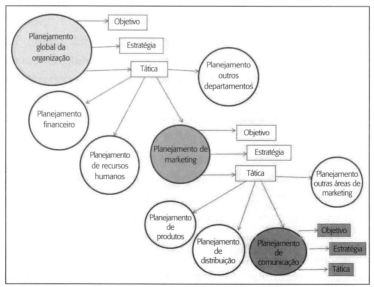

Fonte: Adaptado de Lupetti (2000:84).

O plano de marketing

A estratégia de marketing pode ser considerada a parte visível da estratégia empresarial, já que abrange as decisões sobre o composto produto-mercado e a forma como a empresa se propõe a atuar e competir (Rocha e Christensen, 2008). É como dizer que a estratégia de marketing é a face externa da estratégia empresarial, na qual a interna é a própria natureza das escolhas que a organização faz — como as decisões sobre sua estrutura e os diversos tipos de recursos, processos e sistemas, para citar alguns —, que, invariavelmente, irão impactar e determinar as escolhas da sua parte externa.

Neste contexto é que o plano de marketing vai proporcionar algumas das respostas estratégicas para a organização, como: qual a posição atual da empresa em relação ao mercado e seus clientes, qual a posição desejada para o futuro e, claro, como fazer para chegar lá.

> Ries e Trout (2001), que introduziram o conceito na área de marketing, consideram o posicionamento fundamental e estratégico, pois há uma série de produtos e serviços disputando um espaço diferenciado na mente dos consumidores. O posicionamento de **produto** descreve como o gestor de marketing pretende que os consumidores percebam o produto, de modo que ele seja diferenciado dos demais no mercado, por meio dos elementos do composto de marketing (os 4 Ps). Já o posicionamento de **comunicação** trabalha a USP – *unique selling proposition* (saiba mais no próximo capítulo), dentro do "P" de promoção.

Há diversos formatos possíveis para um plano de marketing e, não importa qual o modelo escolhido, este deverá estar adequado aos objetivos, necessidades e possibilidades da organização. Propomos um modelo que contemple os seguintes passos, lembrando que, apesar de parecer complexo e interminável, pode ser adaptado e simplificado para empresas de qualquer porte:

- ❏ avaliação do mercado e da posição competitiva da empresa, como um todo ou separadamente por unidade de negócios e/ou produtos;
- ❏ perspectiva de posicionamento, com base nos diferenciais competitivos identificados por tipo de negócio, segmento e/ou produto;

- detalhamento dos elementos do composto de marketing que irá constituir cada negócio, segmento e/ou produto;
- ações de marketing, com a sua ordenação no tempo e alocação dos recursos para a sua realização.

> Composto de marketing, *mix* ou 4 Ps: produto, preço, praça e promoção — na tradução literal de *product*, *price*, *place* e *promotion*.
> Neste sentido, *promotion* tem a finalidade de expressar todas as formas de divulgar a empresa, produto ou marca para seus diversos *stakeholders*.

Achamos importante ressaltar que uma mentalidade pró-planejamento, tanto no desenvolvimento de um plano de marketing ou apenas como parte integrante de um plano estratégico global da empresa, deve ser sempre o ponto de partida da tomada de decisão pelos gestores, considerando que um planejamento sem a sua efetiva implementação não tem significado (Rocha e Christensen, 2008). Assim, fica desde já a nossa recomendação para que o planejamento seja uma atitude constante.

A seguir falaremos mais sobre a comunicação e seu papel como cimento das relações do plano de marketing.

O marketing e a CIM

Para se falar de comunicação integrada de marketing, ou simplesmente CIM, é preciso, antes, alinhar algumas ideias que o conceito engloba.

Podemos conceituar comunicação como o processo pelo qual mensagens são transmitidas de um emissor para um receptor, sendo seu significado compreendido por este. Assim, é perfeitamente possível dizer que um anúncio de revista, um *spot* de rádio ou mesmo um *display* no ponto de venda devem transmitir claramente o significado pretendido pelo anunciante ou marca na sua comunicação com o público pretendido.

A comunicação de marketing representa o conjunto de formas de comunicar a essência da marca, a identidade e a imagem pretendidas, presentes em todos os elementos do seu composto de marketing, de forma a contribuir e facilitar trocas entre os grupos de interesse da empresa. Neste sentido, a comunicação é parte fundamental da missão geral de marketing de uma empresa, e um dos aspectos determinantes no sucesso da construção da sua imagem e do valor da marca.

A atividade de marketing é bem mais abrangente do que simplesmente comunicar um produto ou serviço aos diversos públicos e, coletivamente, as atividades de comunicação fazem parte do elemento tradicionalmente chamado de promoção (numa tradução literal do inglês *promotion*) do composto de marketing.

Observe o diagrama mostrado na figura 3, no qual a comunicação envolve uma fonte (por exemplo, um anunciante) que determina qual informação será comunicada e, então, codifica esta mensagem em forma de palavras, imagens ou sons (como textos, anúncios, logomarcas ou *jingles*), que serão transmitidos por um meio de comunicação (televisão, rádio, revistas ou outros meios) ao receptor (público-alvo pretendido). Este, por sua vez, decodifica a mensagem interpretando seu significado. O *feedback* é a resposta que o receptor fornece ao emissor, e poderia ser traduzido em termos de experimentação e compra dos produtos ou marcas oferecidos.

Para complementar, como ainda há aqueles que entendem o termo comunicação como sinônimo de propaganda, não custa alertar que, em marketing, comunicação abrange muitas outras ferramentas, cada qual com suas características e aplicabilidades, conforme teremos oportunidade de explorar melhor no capítulo 3.

Figura 3
ESQUEMA BÁSICO DE UM PROCESSO DE COMUNICAÇÃO

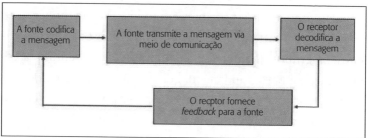

Fonte: Churchill e Peter (2003:450).

Juntando todos os elementos que acabamos de descrever, podemos dizer que é por meio da CIM que as organizações buscam informar seus públicos de interesse, bem como influenciar sua atitude e comportamento a favor da empresa. Ela começa no momento em que a organização estabelece seus objetivos globais de marketing e decide como cada um dos elementos do composto da comunicação irá, de forma sistemática, simultânea e sinérgica, trabalhar para sustentar esses objetivos, que devem, necessariamente, estar alinhados aos objetivos macro traçados no planejamento estratégico da organização.

Os autores Ogden e Crescitelli (2007:3) fazem a seguinte observação sobre o relacionamento entre o marketing e a CIM:

> Comunicação integrada de marketing é uma expansão do elemento de promoção do *mix* de marketing. Ela é, essencialmente, o reconhecimento da importância de comunicar a mesma mensagem para os mercados-alvo, o reconhecimento de que todas as variáveis da CIM comunicam algo e que existe uma sobreposição na comunicação que essas variáveis fornecem. Cada uma das variáveis da CIM afeta o programa de marketing como um todo, de modo que, para garantir a eficácia, todas devem ser gerenciadas.

Se para você, leitor, a ideia de integração das ferramentas pode soar óbvia, saiba que nem sempre esta foi a regra. Ainda hoje a comunicação empresarial tem sido trabalhada como a mera junção de atividades realizadas de forma independente por departamentos, divisões ou assessorias, sem qualquer preocupação em dar unidade à mensagem comunicada reforçando a sua identidade e, por conseguinte, a imagem da marca.

Em um passado recente, poucas empresas tinham departamentos específicos para organizar e planejar suas ações de comunicação, sendo comum tratarem seus elementos de forma independente: agências de propaganda eram responsáveis somente pela criação e veiculação das mensagens nos diversos meios, sem, contudo, estarem atentas às outras manifestações de comunicação da mesma marca, como, por exemplo, uma promoção de incentivo às vendas ou até mesmo um *display* para a exposição do produto nos pontos de venda.

> *Briefing*: documento com as informações preliminares e instruções que o cliente fornece à agência, completado com dados de pesquisas, para esboçar o planejamento publicitário e desenvolver as peças solicitadas. Normalmente deve conter informações sobre o contexto/setor, o problema que levou o cliente a acionar a agência, os objetivos de comunicação pretendidos, principais atributos ou mensagens que se deseja transmitir, posicionamento da marca e produto, público-alvo e seu perfil, limitações jurídicas, financeiras e culturais, sugestão de peças pretendidas, verba disponível e prazos.

Foram as empresas norte-americanas fabricantes de produtos de consumo as primeiras a aprovarem a tendência do uso da CIM, durante os anos 1990 (Shimp, 2002). Rapidamente este conceito se espalhou pelo mundo, e hoje é uma prática comumente adotada também por varejistas e prestadores de serviços. É fácil entender as vantagens que a CIM trouxe para os anunciantes, significando economia de tempo, rapidez de resposta e sinergia na realização das ações de comunicação, desde *briefings* unificados à otimização dos recursos envolvidos.

Do ponto de vista das empresas fornecedoras de serviços especializados, a evolução na direção da CIM aconteceu via fusões ou aquisições de participantes do setor. Hoje em dia, a abordagem mais integrada no uso das diversas ferramentas tornou-se consenso no setor. Como nas palavras de Schultz (1997:26), um pioneiro no uso da CIM, "a integração pura e simples faz sentido para aqueles que planejam ser bem-sucedidos no mercado do século XXI. Profissionais de marketing, comunicadores e organizações de marca simplesmente não têm escolha".

Atualmente as organizações combinam vários elementos da CIM — como veremos no capítulo 3, em "Os ingredientes da CIM" — com os objetivos de fornecer unidade, clareza e consistência à marca. Assim, é possível obter-se maior impacto da mensagem, o que contribui para racionalizar os esforços na comunicação com todos os públicos de interesse e para maximizar a visibilidade. O uso da CIM traz, intrinsecamente, a filosofia de se trabalhar de forma coordenada toda a comunicação da organização, seja ela interna, institucional ou de incentivo à venda. Todos os membros da organização têm que estar envolvidos e precisam entender o que está sendo comunicado, resultando em uma identidade única para a marca, independentemente do público, em todos os seus pontos de contato. Neste sentido, o pessoal de campo — como são conhecidas as equipes de vendas — se ressente do não aproveitamento das informações disponíveis, apesar de servir como interface com os clientes finais, o que se traduz em perda de inteligência estratégica.

Sabe-se, ainda, que a falta de comunicação entre os departamentos de marketing e de vendas pode acarretar criações equivocadas que se mostrem inadequadas na prática, como, por exemplo, totens que não cabem nos pontos de venda, campanhas com temas e mecânicas sofisticados e de difícil compreensão, entre outras. Por outro lado, marcas já conhecidas têm mais facilidade de penetração no mercado, e a comunicação institucional contribui precisamente nesse sentido, fortalecendo marcas a serviço das vendas. Abrem-se portas participando de feiras, congressos, seminários, promovendo convenções, fazendo uso de uniformes, *visual aids*,[13] automóveis e caminhões de entrega logotipados, entre tantos outros meios. São apenas algumas das muitas formas de usar a comunicação integrada e que não são necessariamente percebidas como esforço tangível em prol das vendas.

O gestor deve buscar a integração das equipes, visando a motivação e ao comprometimento com os resultados pretendidos por toda a empresa, e isso se obtém idealmente com o trabalho sistemático de endomarketing aliado às promoções de incentivos.

No fundo, todos estes elementos fazem parte do planejamento da CIM, que pode ser desenvolvido em etapas, como descreveremos a seguir. Um plano da CIM deveria contemplar a seguinte estrutura:

1. *Sumário executivo* — Com no máximo duas páginas, é a última parte do trabalho a ser feita, porém abre o documento que descreve os esforços da CIM. Seu objetivo é justificar o trabalho e apresentar de forma geral os vários aspectos envolvidos, como propostas, públicos, vantagens, benefícios, cronograma, eventuais restrições à implementação, orçamento e quaisquer outras informações relevantes. A ideia é defender o plano, especialmente junto a quem detém o poder decisório, que geralmente não dispõe de muito tempo para leituras mais extensas e profundas, mas de quem depende sua aprovação.

---

[13] Materiais de apoio visual, como, por exemplo, folheto ilustrado.

2. *Cenário* — Aqui devem ser identificados que aspectos externos e internos poderão influenciar o processo da CIM, diagnosticando-se os aspectos positivos e negativos da marca e, no mínimo, os do principal concorrente. A partir daí é possível encontrar oportunidades de comunicação que contribuam para jogar luz no que deve ser fortalecido e neutralizar os aspectos que precisam ser suavizados.

   2.1. *Macroambiente*: verificar tendências de mercado, mudanças culturais, novas regulações, tecnologia, contexto econômico e financeiro, aspectos geográficos, demográficos e tudo mais do ambiente externo que possa impactar o negócio da empresa positiva ou negativamente.

   Exemplo: existência de uma demanda reprimida no mercado para um determinado tipo de tecnologia emergente, representando uma oportunidade para a empresa.

   2.2. *Microambiente*: voltar o olhar para dentro da própria empresa e fazer um diagnóstico de suas vantagens e desvantagens competitivas, seu portfólio de produtos, posicionamento de produto e de marca, imagem e reputação no mercado, cadeias de distribuição e fornecimento, capacidades de mão de obra, tecnologia e processos e demais pontos que possam colocá-la em risco ou colocá-la à frente dos concorrentes.

   Exemplo: viabilização da fabricação de um produto usando a nova tecnologia emergente.

3. *Objetivos de comunicação* — Definir a resposta ou efeito que a comunicação deverá ter na mente dos públicos-alvo, persuadindo-os a agirem em conformidade com os objetivos de marketing da empresa. Idealmente as metas e objetivos de comunicação devem ser mensuráveis e quantificáveis, além de especificar quem são os públicos e em que tempo devem

ser alcançados. Estes objetivos devem ser realistas, claros e integrados com os objetivos gerais de marketing que, por sua vez, estarão alinhados com os objetivos do plano estratégico da empresa. Uma vez determinados quais os incômodos a serem solucionados, monta-se um conjunto de recomendações que irão levar à etapa seguinte, das estratégias. Porém, é importante perceber a diferença existente entre objetivos de comunicação e de marketing, e também as respectivas estratégias para atingi-los, como descrito na caixa de texto mais adiante.

Exemplo: comunicar nacionalmente o lançamento de um novo produto do portfólio.

4. Stakeholders *e público-alvo* — A partir do cenário é possível identificar diversos nichos de públicos considerados de interesse para a empresa (os *stakeholders*) e agrupá-los segundo diferentes características. Como dificilmente será possível trabalhar todos os *stakeholders* relacionados, será necessário definir que públicos serão alvos das ações da CIM, de acordo com os objetivos estabelecidos. Embora não seja o ideal, é comum vermos empresas que escolhem primeiramente os públicos e, a partir daí, estabelecem os objetivos.

Exemplo: escolher quem serão os grupos de indivíduos que serão impactados pela mensagem do lançamento desse novo produto.

5. *Estratégia de comunicação* — Aqui deve-se definir como alcançar os objetivos desejados, onde a missão e a visão desenvolvidas para a CIM precisam estar de acordo com aquelas estabelecidas para a empresa. Será necessário respeitar os aspectos adequados aos públicos de interesse, elementos da marca e demais informações do cenário.

Exemplo: utilizar canais de mídia de massa para lançar o produto, complementados por ações pontuais nos PDV (pontos de venda) de praças prioritárias.

O quadro 1 permite perceber, em uma visão de conjunto, as diferenças que existem entre os objetivos e estratégias de marketing e comunicação.

Quadro 1
ESQUEMA BÁSICO DE UM PROCESSO DE COMUNICAÇÃO

Objetivos e estratégias de marketing *versus* comunicação
Exemplos de objetivos de marketing: ❏ atingir vendas de R$ X milhões do novo produto, no primeiro ano; ❏ vender 200 mil unidades nos dois primeiros anos após o lançamento; ❏ realizar lucro líquido total de X milhões no ano fiscal; ❏ manter taxa de retorno sobre o investimento da ordem de X% a partir do segundo ano; ❏ atingir o índice de 70% de satisfação do cliente no ano corrente; ❏ conquistar 20% do mercado nos próximos dois anos; ❏ abrir 30 novos PDVs em nível nacional nos próximos 36 meses.
Exemplos de objetivos de comunicação: ❏ informar o público-alvo do lançamento do novo produto/serviço; ❏ manter o interesse pela marca ou por alguma ação promocional; ❏ estimular o *share of mind* ou o *share of heart*; ❏ tornar o produto sinônimo da categoria; ❏ aumentar a percepção valor da marca; ❏ estimular a força de vendas; ❏ vencer resistências dos distribuidores e PDVs.
Exemplos de estratégias de marketing: ❏ ampliar a distribuição no canal supermercado através do lançamento de novas embalagens; ❏ buscar parceiros para uma internacionalização; ❏ aumentar o estoque do produto no canal de venda; ❏ ampliar a oferta de formatos de embalagem; ❏ lançar o novo produto XPTO; ❏ expandir os canais de distribuição.
Exemplos de estratégias de comunicação: ❏ organizar uma ação informativa para os varejistas; ❏ patrocinar um projeto de responsabilidade social; ❏ veicular uma campanha publicitária; ❏ desenvolver material de apoio a vendas; ❏ organizar um evento institucional; ❏ posicionar o negócio Y como o primeiro *point* cultural do bairro.

6. *Táticas da CIM* — Detalhar os aspectos operacionais da campanha de comunicação, que devem estar perfeitamente integrados. Todas as atividades previstas, incluindo as ferramentas de comunicação que serão utilizadas, poderão ter planos individuais e objetivos próprios. Este documento, chamado de plano de CIM, deverá detalhar as atividades previstas em propaganda; promoções institucional, de incentivo e de vendas; relações públicas; marketing de relacionamento; ações na internet, entre outras ferramentas, além dos recursos necessários para se alcançar os objetivos gerais da CIM — em termos de materiais, verbas, alocação das equipes etc.

   Exemplo: fazer uma campanha publicitária em televisão aberta e revistas especializadas, além de material de PDV.

> Pesquisa feita sob encomenda, ou seja, a partir das necessidades específicas de cada cliente. O contratante participa ativamente na estruturação do trabalho, definindo prioridades ou enfoques, público-alvo, amostragem, mercados pesquisados, entre outros. Veja mais em <http://www.abep.org>.

7. *Orçamento de comunicação* — É imprescindível estabelecer um orçamento global e outro específico para cada ação, pelo período de um ano, mês a mês. Ele não deve ser engessado, pois é frequente que ideias geniais apresentadas pelos profissionais de criação acabem merecendo uma revisão e realocação das verbas para que não se perca uma boa oportunidade.

8. *Avaliação e controle* — Avaliação de estatísticas de participação de mercado, vendas em unidades, cobertura da audiência e penetração da audiência em comparação com os objetivos globais de marketing estabelecidos durante as etapas inicias do planejamento, apenas para citar algumas das métricas existentes.

   Exemplo: podem ser usadas técnicas que envolvam atividades de pesquisa e controle, qualitativas ou quantitativas, do tipo *ad hoc*, tais como testes de conceito, da mensagem, estudos de monitoramento e pós-teste. Podemos também utilizar, como instrumentos contínuos, os monitoramentos através do SAC, site e blogs, entre outros.

É importante observar que todo gestor de CIM, em especial do anunciante, tende a buscar um retorno para seu investimento em comunicação, associando o resultado do esforço de comunicação às vendas. Nunca é demais ressaltar que os resultados de vendas são influenciados pelo composto de marketing como um todo, o que significa que em muitas situações é impossível isolar o componente comunicação, por exemplo, na composição dos resultados de vendas alcançados.

> O ROI (*return on investment*), em português "retorno sobre investimento", se baseia no conceito de que todo investimento de uma empresa precisa ser justificado. Saiba mais no capítulo 4.

Um dos principais dilemas que desafiam as empresas — que serão discutidos no capítulo 5 — é a decisão sobre como exatamente distribuir os recursos disponíveis entre as diversas possibilidades de comunicação de marketing que o ambiente atual oferece. Propomos uma reflexão sobre o que foi denominado por Shimp (2002) como "o triângulo das escolhas gerais", no qual toda comunicação deve ser projetada de acordo com um determinado público-alvo, com base no atendimento de um objetivo específico e dentro das restrições orçamentárias da organização.

Como já vimos, o plano de comunicação integrada, consequência do plano de marketing, deve resolver aspectos que se mostrem como boas oportunidades. Reconhecemos, no entanto, que a comunicação exerce fascínio e provoca a sedução da visibilidade: as empresas tendem a achar que irão vender mais ou ter sucesso porque estão na mídia, independentemente dos meios. Não discordamos disso; apenas alertamos para o fato de que a comunicação não faz milagres: apenas aparecer não quer dizer que o produto ou marca tenham a qualidade prometida. Entenda-se qualidade não apenas aquela referente ao produto ou serviço em si, mas a toda a cadeia de valor — do atendimento telefônico à entrega pontual de mercadorias em seus respectivos pontos de venda, a preços adequados. Ou seja, a comunicação não se destina a resolver questões de outros elementos do composto de marketing. Sua função deve ter foco nos problemas ou nas oportunidades que precisam de fato ser comunicadas. Do reforço a um atributo que tenha sido detectado — em uma pesquisa, por exemplo — como relevante para seus diferentes públicos-alvo, passando pela divulgação de novas embalagens ou formatos do produto. Veja dois exemplos a seguir.

1. Alguns talvez se lembrem de um famoso comercial de *shampoo* da marca Colorama, nos anos 1970, em que a modelo anunciava, com uma voz propositalmente anasalada e carregada de sotaque, a mudança de embalagens do produto: "Minha voz continua a mesma, mas os meus cabelos... ah... quanta diferença!"

2. É preciso que as áreas da organização estejam em sintonia, para não correrem o risco de o marketing comprar espaço para inserção de comerciais e a área de logística não entregar a mercadoria em tempo hábil. Não é incomum vermos marcas grandes e fortes passarem por este descompasso. Por vezes a entrega até foi adequada, mas o sucesso inesperado gerou demanda maior do que a oferta disponível. Neste caso, talvez se deva fazer anúncio complementar, nos mesmos meios, informando que logo haverá a reposição necessária, como ocorrido com a Parmalat, quando lançou sua primeira campanha de mamíferos, uma ação promocional *self-liquidating* que trocava bichos de pelúcia por dez códigos de barra das embalagens mais a quantia de R$ 10,00. As pessoas se interessaram tanto em

> Saiba mais no capítulo 3.

colecionar todos os mamíferos, que o estoque acabou nos postos de troca, gerando grande frustração nos clientes.

Outro problema é quando a marca não está devidamente estruturada para ir à mídia, e empresas que já existem no mercado, por vezes há anos, decidem se expor e contratam pessoas ou empresas externas para ajudá-las. Podem iniciar por *e-marketing* ou assessoria de imprensa, por exemplo, e quando começam a receber ligações e e-mails como resultado desses primeiros esforços, dão-se conta de que não há linhas telefônicas ou mesmo pessoas suficientes para lidar com a demanda por informações, mercadorias e serviços. Não é possível prever com precisão o tipo de retorno, mas é necessário estar minimamente preparado para que o esforço não se volte contra a própria empresa, representando uma despesa e um desperdício.

Para concluir, acreditamos que a comunicação não pode mais ser vista como gasto, mas sim como investimento, pois ela estabelece a base de qualquer processo de relacionamento entre emissores e receptores, sejam estes organizações, pessoas, departamentos ou o poder público. Trabalhar a comunicação de forma desconectada e sem mensuração efetiva deve ser uma prática rejeitada pelos profissionais responsáveis por ela nas empresas. A integração entre a comunicação interna, institucional e de marketing é imprescindível para qualquer organização.

No próximo capítulo, apropriadamente batizado de "Sacolão", é hora de mergulhar nos jargões do meio e conhecer boa parte da grande gama de ferramentas, atividades e métricas disponíveis para um gestor da CIM. Organizamos a coleção de verbetes de uma forma bastante subjetiva, em *clusters*, por um critério de afinidade entre eles que nos pareceu coerente.

3

Um sacolão de ingredientes

Neste capítulo nos preocuparemos em apresentar as principais características de diversas abordagens de comunicação, instrumentos, técnicas e atividades com os quais o gestor vai se deparar em seu cotidiano. O formato é de um grande glossário que não obedece a uma ordem alfabética, mas de sinergia entre os diversos elementos, uma vez que atualmente eles podem ser utilizados conjuntamente ou não — e de acordo com o cenário competitivo que os exija. Não houve a preocupação de agrupar os verbetes de maneira convencional, separando formas *versus* meios ou tradicionais *versus* inovadoras, mas sim de apresentar o maior número possível de modalidades de comunicação existentes, ilustrando a diversidade de opções disponíveis no planejamento da CIM. Nenhuma delas é mais ou menos importante e cada uma tem características e aplicações próprias, significando que uma não necessariamente irá substituir a função das outras.

No capítulo 4, apresentamos uma coleção de métricas para permitir fazer uma boa escolha das ferramentas e atividades, e posteriormente poder avaliar seus resultados. Como dissemos, fica difícil gerenciar o que não se pode medir.

Conforme alertamos na introdução do nosso livro, lembramos que, no cenário atual, novos instrumentos e meios surgem constantemente, o que com certeza torna a nossa lista desde já — e sempre — incompleta.

Os ingredientes da CIM

Publicidade e propaganda

A palavra publicidade vem do latim *publicus* (público) e significa, genericamente, divulgar e tornar público. Propaganda é proveniente do latim *propagare*, que significa reproduzir, multiplicar, estender e propagar. No Brasil, o Conselho Executivo de Normas-Padrão (Cenp), que normatiza essas áreas, considera publicidade como sinônimo de propaganda, ou seja, o ato de veicular anúncios pagos de mídia impressa ou eletrônica. O alto preço dos espaços publicitários tem levado alguns gestores a querer incluir um excesso de informação nas peças, achando que com isso obtêm maior aproveitamento e resultado, o que é um grande erro. Quem quer comunicar tudo, acaba não comunicando nada.

USP (unique selling proposition)[14]/UBP (unique buying proposition)[15]

USP é a determinação estratégica do elemento mais importante a ser comunicado, aquilo que deve ser evidenciado sobre o produto/serviço em questão, geralmente o elemento diferenciador em relação aos concorrentes. O seu "primo-irmão" é a

---

[14] Ou proposta única de venda, no sentido de "exclusiva" (tradução livre).
[15] Ou proposta única de compra (tradução livre).

UBP, que parte do sentido inverso. Enquanto a USP expressa um conceito único de comunicação do fabricante ou produto para se posicionar na mente do consumidor, a UBP leva em conta o ponto de vista do comprador e expressa os atributos e benefícios que ele quer comprar, fazendo o fabricante incorporá-los. Por exemplo, o comprador quer produtos que apresentem melhores resultados em vendas ou redução de custos.

TV home shopping network

Programação de TV que comercializa uma ampla variedade de produtos provenientes de inúmeras empresas. Por meio da divulgação das características dos produtos, o consumidor tem acesso a mercadorias exclusivas via TV ou ofertas de lojas anunciantes. Ele pode adquirir pelo telefone (o típico "ligue já") ou por um software específico que já é utilizado em algumas redes de televisão digital nos EUA. Alguns exemplos são Shoptime e Primetime, que compram espaço na TV aberta e têm canais na TV por assinatura.

TV digital

Sistema de TV reunindo imagem e áudio gerados, transmitidos e recebidos por meio de sinais digitais. A transmissão digitalizada é feita via cabo, fibra ótica, satélites e antenas, e ao final do processo as informações são decodificadas pelo *set top box*, uma caixa instalada junto à TV por assinatura que decodifica os sinais e possibilita a visualização das imagens. Um atributo bastante importante do *set top box* é ter sua manutenção por acesso remoto, assim como habilitação de canais, compra de *pay-per-view* e diversos outros serviços que tendem a ser vendidos, num futuro próximo, por parte da operadora de TV. O *digital video recorder* (DVR) é um equipamento que possibilita a gravação de vídeo em formato digital, e a marca TiVo Inc. já virou sinônimo dessa categoria. É uma ferramenta de gravação de vídeo digital que permite aos telespectadores pausar as transmissões ao vivo, eliminando assim comerciais, gravar seus programas preferidos e assisti-los em qualquer horário que mais lhes convenha. Como diferencial competitivo em relação aos canais fechados de televisão, a TiVo (www.tivo. com) disponibiliza um software que permite a comercialização imediata de bens de consumo pelo telespectador.

Veículos próprios

Todo tipo de mídia que é patrocinada e cujos conteúdos editoriais são produzidos pela empresa, como rádio e TV corporativos, revistas (muitas delas até vendidas em banca de jornal e livrarias) e *newsletters*. Exemplos são a *HSM Management*, a *Mundo Corporativo* (Deloitte), revistas de bordo, e a rádio Sul América FM.

Mídia exterior

Possibilidades de ocupação do espaço ao ar livre para exposição da marca. Podem ser móveis ou estáticas. Um exemplo de mídia estática é o uso do mobiliário urbano, como cabines de segurança, placas direcionais, totens de bens culturais, abrigos de ônibus e táxis, totens informativos, relógios e quiosques. Alguns equipamentos do mobiliário urbano podem adquirir uso publicitário. Como exemplo de mídia móvel temos o *busdoor*, um anúncio confeccionado em adesivo, aplicado na parte traseira ou lateral dos ônibus, ou a adesivagem de veículos, como caminhões de entrega e ônibus. Algumas variações são os prismas no capô, adesivos nos parabrisas traseiros ou bolsões-revisteiro pendurados nos bancos dos táxis.

Backlight/frontlight/painéis digitais/outdoors

Backlight é um painel tipo retroiluminado que apresenta uma mensagem ou imagem publicitária, e *frontlight* é o mesmo painel com iluminação frontal, muitas vezes aproveitando empenas cegas de prédios. Evolução dos tradicionais *outdoors*, têm sido proibidos em vários espaços urbanos devido à poluição visual. A versão mais moderna deste tipo de mídia são os *videowalls*, *outdoors* em 3-D, em que parte do conteúdo se projeta para o ambiente externo. Os painéis digitais, compostos por *leds*, funcionam como gigantescas telas de TV passando filmes ou faixas de texto.

> A prefeitura do Rio informa as condições do trânsito nas principais vias próximas através deles, e ainda fornece um endereço no Twitter que o motorista pode acessar em tempo real: <twitter.com/cetrio_trafego>. Curiosamente, os twitteiros também usam a rede social para alertar os motoristas sobre *blitzen* policiais e da Lei Seca.

Mídia interior

Também chamada de *indoor media*, são todas as formas de ocupação de espaços fechados, como banheiros de academias de ginástica, restaurantes, shoppings e locais públicos de grande tráfego. Outro exemplo são os *displays* com cartões postais promocionais, encontrados em livrarias, barezinhos e boates.

Mídia digital out-of-home

Tipo de mídia digital colocada em ambientes fechados de alto tráfego e de espera forçada (elevadores e saguões de aeroportos, hotéis, shoppings, academias), através de monitores que veiculam mensagens publicitárias e notícias em tempo real. Permite alta segmentação, já que um pequeno anunciante

— como um médico ou advogado — pode fazer sua propaganda apenas no prédio onde está sediado.

Relações públicas

Processo de comunicação da empresa com todos os seus públicos de interesse, especialmente a imprensa, o governo, a comunidade, os acionistas e os formadores de opinião. Entre as atividades da área estão assessoria de imprensa, *lobby*, relações comunitárias, relações institucionais (com acionistas e investidores), cerimonial, organização de eventos, endomarketing e demais tarefas ligadas à comunicação institucional (da marca/organização) ou em apoio a marketing e RH, além da gestão de crises. Mais recentemente, com a abordagem de gestão do *brand equity*, passou a ser exercido também com o nome de gerência da marca, alinhando todos os esforços internos para manutenção da reputação corporativa, aí incluídos a implementação da responsabilidade socioambiental, produção de relatórios corporativos e a expressão da cultura e valores da marca em todos os pontos de contato com os diversos *stakeholders* da organização.

Press-release

Informativo redigido pela área de comunicação ou por assessoria de imprensa contratada, para divulgar as novidades da empresa na mídia, sob a forma de reportagens não pagas. Busca-se criar o interesse nos jornalistas em incluir a notícia em suas pautas, provocando um contato para saber mais, agendamento de entrevistas, consulta a outras fontes e pesquisa extra. A matéria jornalística costuma ter mais credibilidade que um anúncio, porque se considera que o jornalista seja um intermediário imparcial, já que checa as informações antes de publicá-las. Porém, a veiculação não é garantida (nem o seu tamanho): caso outro fato mais impactante surja, a matéria será "derrubada", especialmente se for um assunto perecível/datado.

Publieditorial/advertorial/informe publicitário

Já que reportagens têm mais credibilidade que anúncios, esta é a tentativa de disfarçar uma propaganda como editorial — a nosso ver, algo que o leitor de hoje distingue perfeitamente, até porque a lei exige que se mencione claramente na peça tratar-se de um conteúdo pago, e não de autoria do veículo.

Teaser

Significando "provocador", é o nome que se dá a uma peça promocional ou anúncio que precede uma campanha — seja de propaganda ou de incentivo, por exemplo com o objetivo de instigar a curiosidade e gerar expectativa no público (seja ele interno, imprensa ou consumidor). Só traz uma parte da informação e, geralmente, não identifica o produto, o anunciante ou a ação que virá a seguir, deixando suspense no ar. Posteriormente, em outras peças com a mesma identidade, revela-se a informação completa.

Marketing promocional

Segundo definição da Associação de Marketing Promocional (Ampro), é a "atividade do marketing aplicada a produtos, serviços ou marcas, visando, por meio da interação junto ao seu público-alvo, alcançar os objetivos estratégicos de construção de marca, vendas e fidelização".[16] Pode ser institucional ou de vendas, e estas podem ser pessoais, diretas ou indiretas.

---

[16] Disponível em: <www.ampro.com.br/conteudo/noticias/news.asp?id=2758>. Acesso em: 17 jun. 2009.

Promoção de vendas

As técnicas são inúmeras, e a criatividade é o limite — mas o objetivo costuma ser aumentar as vendas num determinado período de tempo. Muitas delas têm legislações restritivas, como é o caso de amostras grátis (*sampling*), raspadinhas, cuponagem e tudo mais que envolva o fator sorte. Outras técnicas são *in-pack, on-pack* e *near-pack* — colocação de brindes, como os nomes já dizem, respectivamente dentro, sobre e próximo à embalagem do produto. Exemplo de amostragem criativa eram os "pistoleiros" da tequila Sauza, que invadiam bares e restaurantes com garrafas da bebida dentro das cartucheiras e provocavam os clientes a brincar. Essa brincadeira tinha por objetivo educar o público a consumir corretamente a bebida. Já um exemplo tradicional de *near-pack* é a entrega de bolsa térmica na compra de peru no Natal. Outra técnica muito usada é a *self-liquidating*,[17] que envolve um pequeno desembolso adicional na compra de "X" embalagens (ou códigos de barras) de um produto para adquirir um brinde, a exemplo da campanha dos mamíferos de pelúcia da Parmalat, de uma miniFerrari nos postos Shell ou do McLanche Feliz, do McDonald's. O risco é o brinde chamar mais atenção do que o produto ou a marca em si. O valor desembolsado serve para pagar a própria promoção, daí o seu nome.

Bonificação/desconto por volume

Táticas mais usuais de promoção de vendas destinadas ao atacado e ao varejo objetivam aumentar o giro do produto e servem ainda para bloquear a concorrência. O desconto visa au-

---

[17] Pode ser traduzida como algo que se autoliquida.

mentar as vendas devido à atração pelo preço menor, enquanto na bonificação não se mexe no preço original, mas se oferece uma quantidade de mercadoria a mais. Ambos trazem o risco de puxar os preços do fabricante para um patamar mais baixo, viciando o canal de distribuição.

Concurso/sorteio/vale-brinde

Técnicas já usadas há muito tempo, que, por dependerem da sorte condicionada à compra de um produto ou serviço, devem seguir toda uma legislação específica (Lei nº 5.768, de 20 de dezembro de 1971, e Decreto-lei nº 70.951, de 9 de agosto de 1972, que tratam da "distribuição gratuita de prêmios a título de propaganda, mediante sorteio, vale-brinde, concurso, ou operação assemelhada") e o Código de Ética da Ampro.[18] Como o processo demora em média dois meses para aprovação na Caixa Econômica Federal e é obrigatório que o número da autorização conste em todas as peças da ação, deve-se levar isso em conta no planejamento deste tipo de abordagem.

Promoção institucional

Refere-se a ações e estratégias voltadas à disseminação dos valores, filosofia e cultura de uma organização. Ajuda na construção de marcas, reforçando ou mantendo a identidade e a imagem, o que contribui para aumentar as vendas. As técnicas mais usuais são organização de eventos, patrocínios e apoios — incluindo atividades de marketing cultural, esportivo e social —, concursos culturais, participação em feiras, congressos e seminários, entre outros.

---

[18] Veja mais em <www.ampro.com.br>.

Evento

Qualquer acontecimento de especial interesse — espetáculos, exposições, congressos, fóruns, seminários, concursos, feiras (setoriais ou abertas ao público) que possam atrair público e mobilizar a mídia, gerando notícias. Visam proporcionar experiências únicas, agradáveis e surpreendentes, de modo a favorecer a aproximação de diferentes públicos, contribuir para a lembrança da marca e gerar boa vontade.

Brand fest

Evento patrocinado por empresas que reúnem fãs comprometidos com a marca. Pode ser desenvolvido por meio de ações que comecem na web, em redes sociais específicas, e terminar em eventos públicos nos quais o consumidor é quem define quem irá cantar ou participar. Um exemplo foi o projeto Estúdio Coca-Cola, realizado em conjunto com a MTV.

Marketing cultural

Investimento sob a forma de patrocínio, apoio ou organização de eventos de cunho cultural como forma de promoção institucional para fortalecer a imagem da marca ou vender produtos no local do espetáculo. Há leis nas esferas federal, estadual e municipal, de acordo com as quais o governo abre mão de receber impostos devidos pelas empresas em prol do fomento à cultura, com limites preestabelecidos. Comissões formadas por técnicos e especialistas julgam o mérito cultural dos projetos, que recebem um número de protocolo para permitir a renúncia fiscal. As leis mais usadas são Lei Rouanet, Lei do Audiovisual, renúncia de ICMS (esfera estadual) e de ISS e IPTU (esfera municipal). É possível segmentar cada tipo de atividade cultural de acordo com o posicionamento de cada produto e com o público-alvo.

Marketing esportivo

Da mesma forma que o marketing cultural, é possível segmentar as atividades e obter incentivos fiscais por meio das leis Zico, Pelé, Maguito e Lei de Incentivo ao Esporte, esta última que funciona em bases semelhantes à Lei Rouanet, da cultura. O marketing esportivo pode se traduzir em patrocínio a um evento, um time ou um atleta. Entretanto, é preciso saber que as emissoras de TV consomem uma boa fatia do investimento, já que consideram a aparição de marcas nas suas transmissões como *merchandising*, e cobram por isso — ou, alternativamente, encobrem digitalmente a aparição da logomarca.

Site-inspection, factory tour ou programa de visitas

Ação promocional muito importante quando queremos conquistar clientes finais, distribuidores, varejistas, funcionários de outros locais e consultores que conosco trabalham ou que desejam iniciar uma relação. É o passeio pela empresa, que acaba sendo uma experiência educacional ímpar nas vidas desses *stakeholders*. Algumas empresas se transformam em verdadeiros centros de visitação, com programas estruturados que incluem filmes, brindes, folhetos e guias treinados, como faz a Rede Globo, no Projac, ou a Natura, no Espaço Natura. Outras promovem viagens institucionais combinadas com eventos, porém é preciso cuidado para que não haja conflito com os códigos de conduta das empresas dos convidados, que podem reprovar esse tipo de convite, considerando-o antiético. Tudo dependerá de quem pagará os custos envolvidos.

> Leia mais no capítulo 7.

Loja-conceito

Loja onde o objetivo da empresa não é necessariamente vender mercadorias, mas vender a imagem da marca e fortalecer os vínculos emocionais e intelectuais com seus clientes, ou seja, envolver o cliente no universo da marca, proporcionando uma experiência de interação com os produtos, de diversão ou troca de experiências com outros usuários. É o caso da loja-conceito Nokia, localizada na rua Oscar Freire, na cidade de São Paulo. O consumidor tem acesso a uma série de produtos, permitindo que jogue, navegue e ouça música nos aparelhos da marca, gerando experiência positiva. Em alguns casos a loja sequer tem estoque; apenas um mostruário dos produtos e facilitadores para dar explicações sobre como eles funcionam.

Branded entertainment

Pode ser chamado também de *brand content* ou *advertainment*. Trata-se de um instrumento publicitário que une, dentro de um determinado formato preestabelecido, o entretenimento a uma marca que deseja ser posicionada de forma impactante e segmentada. Os meios podem ser desde as tradicionais mídias de massa (TV e rádio), que hoje estão cada vez mais digitalizados, até *podcasts*, internet, eventos ou espetáculos.

> A Unilever recentemente desenvolveu um projeto bem interessante para o *shampoo* Seda. Veja em: <www.mundodomarketing.com.br/5,10294,seda-integra-redes-sociais-em-acao-de-branded-content.htm>.

Pela combinação do conteúdo e formatos com os objetivos da marca, o *branded entertainment* vem fazendo com que sejam criadas relações que vão além do consumir. Empresas do universo da beleza se têm utilizado bastante desta ferramenta.

Co-branding e brand partnership ou promoção cooperada

Associação de marcas em que duas ou mais partes se interessam na exploração comunicacional de um mesmo público-alvo a favor de ambos. Exemplo: um *milkshake* do Bob's ou do McDonald's pode ser servido com um chocolate Alpino da Nestlé, situação em que a marca pode ser trabalhada por ambos ao mesmo tempo. Em outro formato, a marca se associa a um artista e assina sua turnê, a produção do seu disco e licencia produtos. Cuidado com o risco de uma marca tomar conta, engolindo as demais.

> Veja mais: <http://amoraoplaneta.blogspot.com> usando o marcador *brand partnership*.

Transmídia

Termo criado pelo pesquisador e professor do MIT Media Labs, Henry Jenkins, difere do *branded entertainment* porque, enquanto este objetiva criar *awareness*[19] para produtos atrelados a conteúdos de entretenimento, o transmedia storytelling (numa tradução literal "contar histórias via transmídia") desenvolve narrativas proprietárias para as marcas. São histórias que só poderiam ser desenvolvidas para aquela determinada marca e que serão divulgadas em várias plataformas, com múltiplos desdobramentos, criando audiências paralelas de forma atemporal. "É uma rica abordagem de comunicação e entretenimento, cuja lógica é a exploração plena das capacidades semióticas próprias que cada mídia apresenta", explica Abel Reis, da Agência Click.[20]

> Leia mais no blog oficial de Henry Jenkins em <www.henryjenkins.org/2009/08/transmedia_storytelling_and_en.html> e veja exemplos dessa abordagem no capítulo 6.

---

[19] Ou conhecimento, saber da existência de uma marca ou produto.
[20] Disponível em: <www.estadao.com.br/noticias/tecnologia+link,narrativa-transmidia-vai-alem-da-mera-campanha,1437,0.shtm#>. Acesso em: abr. 2010.

Telemarketing

Pode ser ativo ou receptivo. O ativo consiste no uso do contato telefônico entre o fabricante e o consumidor, de forma a persuadi-lo a comprar algo. Já o receptivo visa atendê-lo em algum tipo de demanda específica, incluindo os serviços de atendimento ao consumidor (SACs), próprios ou terceirizados. O telemarketing ativo tem enfrentado resistências por parte dos consumidores por ser excessivamente invasivo e inconveniente — veja mais em "Marketing de permissão", mais adiante.

Newsletter eletrônica

Material enviado por e-mail, com notícias, informações sobre produtos/serviços e pesquisas exclusivas que compõem uma campanha promocional ou institucional. É um canal de comunicação de baixo custo, que permite à empresa manter contato constante, ágil e útil com seu público-alvo, incrementando o relacionamento com seus clientes e também aumentando a visitação ao seu site na internet. Exemplos são o McKinsey Quarterly; o MMbymail, da Meio & Mensagem; a HSM Online e o BrandChannel Weekly Update, da Interbrand.

Flyer/folder/brochura/broadsid

Flyer é um folheto impresso em uma única lâmina, geralmente encartado em pastas ou distribuído como uma filipeta (lâmina). *Folder* é parecido com o *flyer*, só que com dobras, tipo um prospecto. Brochura é um livreto impresso com informações mais detalhadas sobre a empresa e o produto/serviço. *Broadside* é um tipo de *folder* com informações técnicas de suporte a vendas, contendo margem, giro, dados sobre os produtos e campanhas promocionais, entre outros. O *flyer* também é usado para ações promocionais mais pontuais. Atualmente, devido à consciência ecológica (uso de papel, tintas, vernizes e produção de lixo), esses materiais têm sido repensados pelas empresas. Nos *flyers* distribuídos na rua é obrigatória licença municipal e a menção educativa "Não jogar em via pública".

Catálogos e malas-diretas

Os catálogos físicos de papel ou eletrônicos (brochuras eletrônicas) são aqueles que expõem os produtos e os serviços da organização. Nas relações comerciais B2B[21] eles são muito utilizados para a exposição específica dos produtos fabricados e transacionados. Quando se dá uma relação B2C,[22] empresas do segmento de beleza, como Avon, Natura, Racco, utilizam-se dos mesmos como materiais de vendas para que as consultoras possam mostrar seus portfólios de produtos. As brochuras eletrônicas são a exposição em sites de *e-commerce* da gama de produtos disponibilizados pela empresa. Malas-diretas são as correspondências enviadas diretamente aos consumidores, em suas residências ou empresas, com o objetivo de atingir diretamente o consumidor desejado. Diversos autores indicam que a mala-direta tem um índice de retorno que pode variar entre 0,5% e 2%, e chega a melhores resultados quando a listagem é bemqualificada ou a empresa já tem relacionamento com o cliente. Aos poucos o marketing móvel (via SMS e MMS)[23] e o e-mail marketing, que têm menores custos ambientais e econômicos, vêm substituindo parte dos investimentos nessa ferramenta,

---

[21] *Business-to-business*: relacionamento comercial entre pessoas jurídicas.
[22] *Business-to-consumer*: relacionamento comercial entre uma pessoa jurídica e consumidores.
[23] Respectivamente *short messaging service* e *multimedia messaging service* (serviço de mensagem multimídia).

porém, pelo uso abusivo, este último acabou esbarrando nos mecanismos antispam dos provedores de acesso.

Store-in-store

Prática comercial diferenciada em que uma loja possibilita aos seus clientes contarem com um prestador de serviços e marcas de varejo fortes em um mesmo local. No mundo temos como principal exemplo a Amazon, que vende produtos de lojas conceituadas no varejo tradicional, ampliando e qualificando seu banco de dados de modo a permitir ações de e-mail marketing personalizadas, de interesse de ambas as partes. No Brasil podemos citar a rede varejista Lojas Americanas, que tem a Blockbuster e o Citibank dentro de algumas lojas. No portal da Americanas.com, os artigos esportivos são da NetShoes e as flores são da Giuliana Flores.

Merchandising in-store

Técnicas que têm como objetivo fazer as mercadorias girarem no ponto de venda (PDV), também chamado POP (*point of purchase*). Aproximadamente 80%[24] da decisão de compra de bens não duráveis vendidos no varejo ocorrem no próprio PDV; logo essas técnicas são fundamentais para impulsionar as vendas e promover marcas. Entre as mais conhecidas ressaltamos a degustação, ilhas, pontas de gôndola, testeiras de gôndola, *displays*, inserção em encartes promocionais, móbiles, uniformes de garçons logotipados, geladeiras tematizadas, néons e o planograma — planejamento dos produtos organizados nas prateleiras.

---

[24] Atualmente, segundo um estudo da Popai Brasil — Associação Mundial de Merchandising —, podendo este percentual variar de acordo com cada categoria de produto.

Como não poderia deixar de ser, as novas mídias digitais estão sendo inseridas no PDV de forma rápida. São painéis de LCD instalados junto às gôndolas ativando a comunicação segmentada, painéis digitais substituindo os estáticos e os tradicionais cartazes e cartazetes que antes poluíam visualmente o ambiente.

> Veja mais em: <www.future-store.org>.

Merchandising in-script e inserção de produto

Como alternativa ao marketing de interrupção, surgiu a ideia de inserir o produto ou marca dentro do enredo de filmes, novelas e programas de TV, em níveis que vão progressivamente aumentando de preço: aparição, menção verbal, manuseio ou consumo e cenas inteiramente construídas em torno deles. Casos bem-sucedidos foram Fedex e Wilson, no filme *O náufrago*, e Calvin Klein na cueca do protagonista em *De volta para o futuro*. Veja uma ação de inserção de produto (*product placement*) no "Caso Petrobras", no capítulo 5. O segredo do sucesso é a pertinência do produto ao enredo, a forma natural e criativa de fazer a inserção, sem a qual volta-se ao modelo de interrupção, que pode gerar rejeição no cliente.

Above the line/below the line[25]

Termos que designam conjuntos de técnicas empregadas para promover uma marca. O conjunto *above* tem como base as estratégias de comunicação usando mídias tradicionais, como televisão, rádio, jornais, revistas, ou mesmo portais na internet. Já as técnicas *below* saem do escopo da propaganda tradicional e têm como objetivo a promoção por meio de um contato mais

---

[25] Respectivamente, "acima da linha" e "abaixo da linha" (tradução livre).

direto com os produtos. Para alguns, este conjunto é chamado de *no media,* ou "não mídia".

Branding sensorial

A ideia é proporcionar uma nova experiência de gestão estratégica baseada na criação de plataformas multissensoriais (visão, tato, olfato, paladar e audição), que permitam intensificar a relação emocional entre o consumidor e a marca. Se 75% de nossas emoções são influenciadas pelo olfato e há 65% de chance de mudarmos de humor se expostos a um som positivo, é preciso explorar os demais sentidos (Lindstrom, 2007). Alguns exemplos: o som característico do toque de um celular Nokia ou do *chip* Intel nos anúncios; o tato inconfundível da sinuosa garrafa da Coca-Cola clássica; o cheirinho de carro novo, desenvolvido pela área de marketing das montadoras segundo o posicionamento de cada modelo de carro. A Kellogg's registrou *copyright* do som dos cereais a serem mastigados e pretende associar a ideia de frescor ao som crocante. Já a rede Sheraton criou um perfume para os saguões de seus hotéis, tal qual uma assinatura olfativa.

> O famoso Nokia tune é um trecho da *Gran vals* de Francisco Tárrega (1902), que pode ser ouvido na íntegra em <www.classicalguitarmidi.com/subivic/Tarrega_Gran_Vals.mid>.

Marketing de permissão

Termo cunhado por Seth Godin (2000) para referir-se a um tipo de marketing que não é feito por meio da interrupção do que o indivíduo está vendo ou ouvindo (como os intervalos comerciais na TV, os anúncios no meio de um editorial, os *outdoors* na rua poluindo visualmente a paisagem), que não pede permissão para se apresentar diante dos olhos. O marketing de permissão propõe uma troca ao consumidor, que aceita receber uma mensagem comercial porque vai ganhar algum brinde, um benefício extra (como um desconto) ou algum serviço útil. Este último tipo de compensação é a ideal, pois é a única que dá a certeza de que o cliente realmente está interessado na empresa ou produto, não de forma oportunista, apenas visando o prêmio.

Prossumidor

Traduzido do inglês *prosumer*, foi um conceito introduzido pelo estudioso de tendências para o futuro, Alvin Toffler (2001).[26] O termo junta em uma só palavra os conceitos de produtor e consumidor. Diferentemente dos consumidores comuns, os prossumidores compreendem melhor as estratégias de marketing, e por isso são mais exigentes e querem participar na criação dos produtos e conteúdos editoriais. Antenados, funcionam como uma espécie de alarme antecipado de tudo aquilo que vai dar certo no futuro.

Marketing viral

Também conhecido como *afinity marketing, referral marketing* ou *buzz marketing*,[27] é qualquer estratégia que encoraje os internautas a divulgarem em sua rede de conhecidos uma mensagem. Tal técnica, barata e altamente eficaz, cria uma oportunidade de crescimento exponencial da exposição e influência desta mensagem. Como um vírus, esta estratégia usa o rápido crescimento para uma explosão de milhares ou milhões de leitores, e ainda carrega o aval de quem a disparou, para o

---

[26] Em *A terceira onda*, embora já tivesse mencionado algo semelhante no seu livro *Choque do futuro* (1970).
[27] Traduzindo, marketing de afinidade, marketing de referência ou marketing de zumbido.

bem e para o mal. É uma forma mais moderna da tradicional comunicação boca a boca.

Flash mob

Aglomerações instantâneas, em local público, de pessoas que, depois de fazerem uma determinada ação previamente combinada, se dispersam tão rapidamente quanto se reuniram. O primeiro *flash mob* foi organizado, por e-mail, pelo jornalista nova-iorquino Bill Wasik, mas não funcionou, pois a polícia foi acionada. O segundo finalmente deu certo na loja de departamentos Macy's em 2003, reunindo 100 pessoas. O *flash mob* era para ser antimanifestação e antipolítico — uma crítica à conformidade e a fazer parte da próxima moda grandiosa, visando desorganizar e romper a ordem nos espaços públicos e corporativos. Para decepção de seu idealizador, se tornou exatamente isso: um novo modismo, muitas vezes politizado (como na Rússia, em 2003, contra a ditadura, e na Espanha, em 2004, em protesto aos ataques terroristas) ou, mais recentemente, usado com fins de marketing por empresas.

> Veja mais em <http://improveverywhere.com> e no capítulo 6.

Hotsite

Minissite de vida útil efêmera, construído para complementar uma campanha de mídia ou promocional — seja o lançamento de um produto, realização de um evento ou promoção de vendas —, ampliando o fornecimento de informações ao cliente de uma maneira mais interativa. A empresa pode optar por mantê-lo no ar por um período posterior ao final da ação, mas isto não é muito recomendável, a não ser que ele incorpore um blog ou funcione como ferramenta de sustentação para a repetição da ação em um futuro próximo.

Bloguismo

Proveniente do termo *blogging*, diminutivo de *web logging*, é uma alternativa de publicação em que o autor pode ser qualquer um que deseje circular conteúdos, podendo transferi-los a outros blogs que se interessem. O interessante é que usualmente os blogs acabam sendo grandes formadores de opinião de grupos de pessoas que desejam discutir temas específicos. Já o *microblogging* permite atualizações constantes com menos de 200 caracteres, restrita ao grupo de seguidores autorizados por quem publica. O mais popular é o Twitter. Porém este canal ainda é bastante controverso, e junto aos usuários adolescentes há uma sensação de que ninguém está mesmo prestando atenção ao que falam, e de que ficar atualizando os *tweets* sai caro, pois consome os seus créditos do celular.[28]

Banners e pop-ups

São uma tentativa de repetir no universo da internet o modelo de comunicação tradicional e por interrupção, o que, especialmente para a geração digital, é irrelevante, chato e inconveniente.[29] O *banner* é uma faixa de anúncio que, ao ser clicada, remete a um site ou hotsite. O *pop-up* é uma janela de propaganda que se abre encobrindo o conteúdo que

---

[28] Veja a impactante pesquisa do Morgan Stanley em <http://media.ft.com/cms/c3852b2e-6f9a-11de-bfc5-00144feabdc0.pdf>.
[29] Ibidem.

o internauta deseja ver, e também oferece hipertexto para outra página.

Second Life

Criado em 2003 pelo Linden Labs, prometia ser uma nova plataforma de negócios digital que várias empresas se apressaram em explorar, porém os resultados concretos deixam a desejar. Diferente de redes sociais, é um palco de atores (os avatares), o que cria um ambiente de menor confiabilidade e maior risco, com alta rotatividade e infidelidade do público. Microtransações de baixo valor monetário não trazem estabilidade financeira para o mundo virtual, problemas técnicos desanimam os usuários e ainda há riscos de clonagem, fraudes e pirataria, além do uso frequente para espionar concorrentes.

QR code (quick response code)

Criado pela empresa japonesa Denso-Wave, traduz-se como um código de resposta rápida em 2-D. É bastante utilizado para fins publicitários no Japão e na Europa, pois o celular ou a *webcam* transformam-se em um leitor de códigos. Fotografando esse código o usuário recebe um link para *download* de um conteúdo específico de seu interesse ou é direcionado a um site. A revista *Galileu* (ago. 2009) traz vários, que ampliam seu conteúdo editorial, bastando o usuário instalar um software para leitura no computador[30] e fotografar o código para que a navegação inicie automaticamente.

---

[30] Ver <http://reader.kaywa.com/>.

Figura 4
Exemplo de *QR-code*

Fonte: Wikimedia Commons.

Realidade aumentada (RA)

Interação do mundo real com o virtual por meio de tecnologias próprias e muito recentes, crescentemente exploradas para tornar o

> Veja exemplos de campanhas no capítulo 6 e uma amostra das possibilidades dessa tecnologia no extrato do filme *Minority report*, em <http://www.youtube.com/watch?v=oBaiKsYUdvg&feature=related>.

universo dos jogos, da publicidade e da ciência mais interativo. Existe desde a década de 1990, e um exemplo emblemático é o Nintendo Wii, no qual o jogador segura um dispositivo, tem seus movimentos detectados pelo software e inseridos em tempo real na tela da TV ou computador, interagindo com o conteúdo digital do jogo. No filme *Robocop*, o visor do policial cibernético mostrava informações geradas por computador mescladas com o que ele estava vendo no ambiente externo. Mais recentemente a RA passou a usar imagens, geralmente impressas, com códigos especiais que contêm as informações da programação (como os *QR codes*). Elas são capturadas por uma câmera e decodificadas pelo computador, que recria na tela o objeto criado pelos desenvolvedores. Porém, qualquer ícone numa superfície chapada pode servir para repousar o modelo matemático tridimensional, que irá gerar a imagem em 3-D, como um rosto ou um objeto da cena.

Podcast

O termo se origina do aparelho iPod, da Apple, autora dos primeiros códigos de publicação de conteúdos de áudio, vídeo e fotos, que podem ser transmitidos através de qualquer ambiente de comunicação digital. São programetes usados por jornalistas, acadêmicos ou quem quer que grave digitalmente um conteúdo e o disponibilize online.

Clipes digitais

Filmes e clipes musicais amadores produzidos com câmeras digitais que podem ser aprimorados tecnicamente e distribuídos na web através de softwares especializados e disponibilizadores, como YouTube. Geralmente são projetos menos custosos e que podem gerar grande retorno às marcas que souberem se utilizar de bons conteúdos.

Advergames

Propagandas em jogos ou jogos inteiramente construídos com caráter promocional. Possuem um nível baixo de complexidade para atrair o máximo de interessados, e seu objetivo é entreter, vender algum produto/serviço e, de forma lúdica, envolver o cliente com a marca. Inúmeros sites de empresas e produtos já trazem jogos online. No começo dos anos 1980 a Johnson & Johnson tinha um jogo que era uma espécie de *Space invaders* chamado Tooth Protectors. Os jogadores deveriam defender seus dentes dos germes causadores de cárie. Os *advergames* podem ser produzidos como uma estratégia de marketing viral pois, quando caem nas graças dos internautas, são amplamente divulgados por meio de indicações aos amigos. Ao contrário do que muitos pensam, podem ter o retorno do valor investido mensurável. Enquanto participa do jogo, cada internauta pode gerar informações sobre si mesmo em tempo real, permitindo compreender seu comportamento, suas preferências e conhecê-lo mais profundamente. O ARG (Alternative Reality Games) é uma união de participantes online que tem como objetivo decifrar enigmas desenvolvidos nos *games* interativos online ou em campanhas digitais. São formadas redes sociais de colaboração que trocam informações para a solução desses enigmas.

> Um exemplo foi o lançamento do carro da Audi, que sumiu com o veículo e provocou os visitantes a entrarem num jogo para encontrá-lo.

> Veja mais: Dove em <www.campaignforrealbeauty.com/home_films_evolution_v2.swf> e <www.youtube.com/watch?v=I0uOwWOMIsE&feature=related>. Tahoe em <www.youtube.com//watch?v=XA6dLFrAFlI> e <www.youtube.com/watch?v=4°NedC3j0e4>.

Paródias (spoof)

Obras desenvolvidas por qualquer um que se aproprie de um conteúdo protegido pelos direitos autorais, modificando-o, ridicularizando-o e transformando-o com o intuito de criticá-lo. Um caso muito conhecido é o do filme *Dove evolution* e da paródia *Dove revolution*, em que há mais versões de paródias do que a original. Outro caso clássico foi o do automóvel Tahoe, da Chevrolet, que estimulou os clientes a desenvolverem os filmes para o lançamento do carro e, como resultado, teve a veiculação no YouTube de vários filmes acusando a marca de ser antiecológica.

Jingle e chime

O *jingle* é uma música criada para uma campanha, de forma a aumentar as possibilidades de memorização do produto ou anúncio — veja o caso de *Pipoca com guaraná* (Antarctica).[31] Modernamente as empresas disponibilizam *download* dos *jingles* criativos que caem no gosto do consumidor, seja porque trazem bordões engraçados ou novas versões de músicas antigas. *Chimes* são sons de poucos acordes que "grudam" na mente e são usados até como toques de celular ou no computador, como o *Hello moto*, o *Intel inside* e o *Plim-Plim* da Globo.

SEO (search engine optimization)

Sistema de otimização dos projetos digitais desenvolvidos no universo da internet. Por meio de técnicas como a colocação de palavras-chave e a parametrização do seu conteúdo inserido em sites, hotsites ou blogs, é possível fazer com que o gestor consiga que sejam acessados primeiramente no processo de busca no Google ou Yahoo.

Link patrocinado

Anúncio de um produto ou serviço, veiculado na internet em formato textual, que tem como foco o endereçamento para a URL (*uniform resource locator*) do site. Após a busca de uma palavra, o internauta poderá perceber que por muitas vezes aparecerão, no início ou na lateral direita superior da tela, os endereços dos sites que possuem links patrocinados.

---

[31] Disponível em: <www.youtube.com/watch?v=XCVzgwu7qFg>. Acesso em: 28 jul. 2009.

Ad words

Um serviço do Google em que o gestor pode criar ou "comprar" uma série de palavras-chave, fazendo com que as buscas realizadas pelos internautas levem até o site da empresa. Consequentemente, amplia a chance de seu site ser um dos primeiros enumerados na página dos resultados de busca.

Agora que você está bem abastecido com uma coleção de ingredientes para poder formular suas ações, precisa pensar em como irá medir os resultados. No capítulo a seguir vamos fazer uma espécie de "desconstrução" da ideia de medição pura e simples, porque no mundo fractalizado das novas e inúmeras mídias é cada vez mais difícil atribuir um resultado apenas a este ou àquele meio. Já que estamos defendendo a integração das mídias, também devemos defender uma integração dos resultados aferidos, assunto que está sendo muito discutido hoje entre os maiores e principais anunciantes e agências.

4

Gerenciando tangíveis e intangíveis

Já vimos uma série de atividades e ferramentas disponíveis para realizar o trabalho da CIM; então é hora de nos dedicarmos a explorar alguns instrumentos de avaliação e controle. Afinal, como gerenciar aquilo que não se pode medir?

Um dos grandes desafios do gestor de CIM, para além de ter que escolher a cada dia uma quantidade crescente de meios e ferramentas, é medir os resultados dos esforços, especialmente quando precisa justificar a alocação das verbas no orçamento ou o retorno das despesas já realizadas. Muitas atividades de marketing têm indicadores quantitativos, que auxiliam o gestor na tarefa de tangibilizar os resultados — unidades vendidas, índices de retenção/evasão de clientes, expansão da base de clientes, *ticket* médio, entre outros.

Mas, e quando se trata de retornos mais subjetivos, que necessitam de

> Veja exemplos no capítulo 6.

indicadores qualitativos e de correlações até agora pouco exploradas entre as várias atividades? Em um ambiente de comunicação fractalizada, não se pode avaliar uma ação apenas em si mesma, mas também de que maneira o cruzamento de várias ações potencializa o sucesso de uma iniciativa. Mais ainda: que objetivos esperados e ampliados se conseguiu atingir?

As métricas para gerenciar a CIM

Achamos importante destacar primeiro, neste capítulo, alguns indicadores e métricas usuais — tanto quantitativos como qualitativos — para o gestor avaliar a efetividade de suas ações e até mesmo ajudá-lo a escolher os caminhos mais compensadores. Existem várias técnicas para medir ações de comunicação, que irão variar de acordo com o formato e o tipo de mídia utilizada.

A avaliação pode ser dos meios de comunicação e, neste caso, os métodos visam medir o desempenho dos veículos, onde podemos destacar as seguintes métricas:

❏ CPM (custo por mil) — Valor que se obtém da divisão do preço de uma inserção em uma publicação ou emissora pelo total de sua audiência expressa em números absolutos, em milhares. O custo por mil pode ser apresentado por aparelhos ou por pessoas do público-alvo que se está considerando. Esta é uma das medidas-padrão da rentabilidade da propaganda, usada para comparar diversos veículos, cuja audiência no público-alvo varia, bem como varia seu preço de tabela. O conceito pode ser utilizado para qualquer meio e também é conhecido como CPP (custo por ponto de audiência) ou custo GR.

❏ GRP (*gross rating points* ou audiência bruta) — Índice de mídia que permite medir com segurança que total do público-alvo estamos atingindo no plano de mídia (veiculação de um anúncio). É a soma da audiência de um conjunto de programas num determinado período no qual o anúncio foi veiculado. Um GRP representa um ponto percentual da audiência. A soma de GRP pode ultrapassar 100 quando, por exemplo, se somam 10 inserções em uma programação que tem 30 pontos de audiência: o total de GRP será de 300. Quando traduzido para números absolutos, o total de GRP é também conhecido como total de impactos ou somente impactos. Tanto pode ser expresso por meio da audiência total quanto da audiência objetivada, ou público-alvo (*target*), neste caso denominado TRP (*target rating point*).

- SOV (*share of voice*) — Percentual do esforço de propaganda de uma marca em relação ao total da categoria, baseado em GRP ou impactos. Indicador semelhante é o SOS (*share of spending*), que considera, na análise comparativa, os valores monetários envolvidos.

- *Reach* (alcance) — Número de diferentes pessoas (ou domicílios) expostas pelo menos uma vez a um veículo ou combinação deles, expresso em porcentagem ou número absoluto.

- Impressão/exposição e ODV (oportunidade de ver) — É a tradução literal de OTS (*opportunity to see*), expressão que se refere à mesma métrica — a estimativa do público para uma única inserção ou para o total de uma campanha de mídia. Como uma exposição é gerada a cada vez que uma propaganda é vista, o número de exposições total é resultado do número de pessoas que a veem, multiplicado por sua frequência, que é o número de vezes que as pessoas a veem. Dizemos, então, que um comercial ou campanha atinge um certo número de pessoas, oferece um certo número de exposições ou um número de oportunidades de ver — ODV.

- Penetração/cobertura geográfica — São métricas usadas para definir o índice de atingimento de um determinado veículo sobre o total de consumidores de um meio, segmento de mercado ou região geográfica, significando a distância máxima a que pode chegar a mensagem.

Existe, também, a avaliação do conteúdo e do formato da comunicação, neste caso visando medir o entendimento e a lembrança da mensagem. Nestes casos, vários métodos e técnicas diferenciadas podem ser aplicados para se obter algumas medidas de eficiência, tais como:

❑ Testes de conceito — Podem ser usados para testar estratégias, bem como resultados. São estudos qualitativos, por meio de entrevistas ou grupos de foco. Ainda como ferramenta exploratória, é possível conduzir teste de mensagem, com o objetivo de prever se ela será eficaz.

❑ *Share of mind/recall* — Nível de lembrança de uma marca, geralmente expresso em percentual. Diz-se que uma marca é *top of mind* quando é a primeira marca lembrada espontaneamente pelo cliente dentro de uma categoria de produto ou serviço. Ser a marca mais lembrada positivamente pelo consumidor é vantagem sobre a concorrência. Não confundir com o conceito de *share of mind* usado para medir o *brand equity*, já abordado em "A marca como patrimônio intangível", no capítulo 1.

> Entenda melhor daqui a pouco, no segmento em que falamos das métricas para medir a reputação e lealdade da marca.

❑ *Share of heart* — Indicador de participação de uma marca no coração (vínculo emocional) do consumidor. Usado para medir a experiência satisfatória com uma marca e sua capacidade de persuasão. O vínculo afetivo do consumidor com a marca é um dos meios para obter a preferência por ela, permitindo um estímulo real e efetivo junto ao seu público-alvo. Os aspectos emocionais e racionais, que fazem parte respectivamente dos indicadores *share of heart* e *share of mind,* podem ser usados individualmente ou em conjunto.

❑ *Day after recall* — Na tradução literal, "lembrança de véspera". É um dos testes mais utilizados para se medir o índice de lembrança de um anúncio ou campanha. A característica básica dessa técnica é a medição da comunicação mostrando em que grau a mensagem consegue produzir alguma impressão memorável na mente do consumidor potencial. A racionalização de seu uso parte do princípio de que a lembrança é condição necessária a mudanças de atitude e comportamento por parte do receptor.

Além dos dois grupos de métodos acima, existe ainda uma variedade de métricas específicas para cada tipo de ação ou ferramenta de comunicação, como:

❑ *Clipping* — Usada para ações de assessoria de imprensa e relações públicas, esta medição é feita em geral por empresas especializadas, que reúnem artigos, recortes de notícias, comentários, reportagens ou gravações de aparições na TV e rádio sobre um dado assunto. O retorno pode ser calculado de duas formas: quantitativamente, quando se compara a exposição da marca por meio de matérias jornalísticas — mídia espontânea — com o equivalente ao custo daquele mesmo espaço em uma mídia paga, conforme a tabela do veículo; e qualitativamente, quando é feita uma análise dos conteúdos editoriais. Neste caso, avaliam-se o tom, a posição e o enfoque do texto dado pelo jornalista. Ambas as análises permitem ao gestor visualizar melhor como sua marca e respectiva assessoria de imprensa estão trabalhando e sendo trabalhadas. Se fosse um hotel cinco estrelas com salões para locação ou mesmo restaurantes, por exemplo, poderia desejar aparecer nas principais colunas sociais ou revistas de celebridades. Entretanto, se fosse o caso de precisar captar recursos, seria melhor direcionar os esforços de comunicação às editorias de negócios e economia, o que contribuiria para gerar visibilidade junto a possíveis decisores e influenciadores da área.

- ROI (*return on investment*) — Em comunicação, o ROI (traduzido como retorno sobre o investimento) é calculado dividindo os resultados vindos de determinada ação pelos investimentos feitos na mesma, ou seja, qualquer custo envolvido no processo. O detalhamento destes valores — os recebidos e os investidos — facilita a visualização do projeto como um todo, permitindo uma análise mais profunda de seus benefícios.

    Quando se trata de medir retornos ligados à reputação da empresa, ou seja, como o trabalho do gestor de marketing impactou a marca, o mercado oferece uma variedade de metodologias complexas, proprietárias de cada consultoria especializada. Já existem no Brasil diversas empresas dedicadas a mensurar os esforços de construção de *brand equity* e de lealdade junto aos diferentes *stakeholders*. Como estamos necessariamente no terreno dos intangíveis, os critérios têm sua subjetividade traduzida em números, mas cada empresa especializada entende fazer essa mensuração do seu próprio jeito. Vejamos, *grosso modo*, como são algumas dessas métricas:

    - *Brand asset valuator*® (Young & Rubicam) — O método se constrói sobre quatro pilares, em ordem de crescente importância: diferenciação e relevância (força da marca), estima e conhecimento (estatura da marca), formando uma grade que compara níveis altos ou baixos em relação a esses quesitos. Uma marca líder tem força e estatura altas; uma marca com bom potencial tem força alta, mas ainda estatura baixa; marcas novas tendem a ter ambos os quesitos baixos. No âmbito de cada dupla, também são feitas comparações. Assim, uma marca de alta relevância e baixa diferenciação está perdendo sua *uniqueness*,[32] e os consumidores se focam

---

[32] Suas características únicas e exclusivas, que a diferenciam das concorrentes.

em preço; marcas de alta diferenciação e baixa relevância apresentam um bom potencial de crescimento.

- Brand Dynamics™ (Millward Brown) — Baseia-se numa hierarquia de cinco níveis de relacionamento com a marca, que busca avaliar as atitudes, opiniões e crenças de consumidores atuais ou potenciais. Os níveis, da base ao alto, são: presença, relevância, desempenho, vantagem e, finalmente, vínculo, este o relacionamento mais poderoso. A metodologia também compara a marca ao longo do tempo com ela mesma e com suas concorrentes, fornecendo um painel bastante útil por setor ou categoria.

- *Brand finance* — Da empresa londrina de mesmo nome, segue a ideia de que o valor financeiro de uma marca resulta do nível de lucro que ela dará num período futuro, geralmente cinco anos. Envolve em quatro critérios: previsões financeiras, valor adicionado da marca (sua contribuição para a demanda), análise beta da marca (probabilidade de seu lucro continuar no futuro, ou seja, o nível de risco do seu desempenho) e aplicação da taxa de desconto/estimativa de valor da marca (projeção do lucro mediante cálculo do valor presente líquido).

  > Veja detalhes da metodologia em <www.slideshare.net/patsario/brand-analytics>.

- *Brand analytics — Ranking* publicado pela revista *Dinheiro*, considerando as 50 marcas de origem brasileira e capital aberto com o maior valor de mercado, segundo a CVM e a Bovespa. Usa como critérios uma análise financeira (valor adicionado de mercado, diferença entre o valor de mercado e os ativos tangíveis), análise da demanda (diferenciais competitivos da marca percebidos pelos clientes que impactam as vendas), análise da marca (liderança, efetividade do posicionamento, níveis de lealdade e suporte, mercado e tendências) e avaliação da marca (taxa de desconto no valor presente dos lucros futuros).

- *Global pulse* (Reputation Institute) — Analisa quatro atributos essenciais (estima, admiração, confiança e sentimento) em sete pilares estratégicos para a formação da reputação de uma empresa: produtos/serviços, desempenho financeiro, inovação, cidadania, governança, liderança e ambiente de trabalho. Em 2008 foram analisadas 1.000 empresas (22 brasileiras) em 27 países, por entrevistas com 60 mil consumidores, que geraram um *ranking* global.
- *Interbrand* — Talvez a mais conhecida pelo tempo de existência (desde 1984) e alcance global, esta metodologia projeta as receitas corrente e futura atribuíveis à marca (receita da marca), que considerando impostos, custos operacionais e de capital gera os ganhos econômicos; depois calculam-se os ganhos da marca, ou seja, o quanto da marca influencia o consumidor no ponto de venda, índice relativizado pelos *benchmarks* do setor. É, então, definida a força da marca, sua performance a partir de sete fatores críticos: relevância, liderança, posição no mercado, diversificação, apoio do consumidor e imagem acumulada da marca.[33] Finalmente, tem-se o valor da marca, a representação financeira dos ganhos gerados pela demanda superior que a força da marca criou. Apenas marcas globais e de capital aberto são analisadas e participam do *ranking* global publicado anualmente.

Saiba mais sobre a metodologia em <www.interbrand.com/images/studies/-1_BGB2009_Magazine_Final.pdf>.

A estes instrumentos mais sofisticados, somam-se os formatos já bastante tradicionais das pesquisas. Podem ser internas, como as de clima organizacional ou clima interno,

---

[33] No original, *customer franchise*, resultado das experiências acumuladas pelo consumidor ao longo do tempo no seu relacionamento com a marca.

ou externas, como as de imagem ou de opinião, que veremos a seguir. Ambos os tipos trazem valiosas informações sobre a percepção da marca, produto/serviços e sobre a maneira como são comunicados. Permitem, ainda, descobrir quais são os atributos valorizados pelos diferentes *stakeholders* e, assim, direcionar os esforços de comunicação — meios e mensagens — abordando-os de maneira diferenciada para cada necessidade. A título de exemplo, suponhamos que a empresa seja de capital aberto e tenha a grata notícia de que irá distribuir lucros, pois o Ebitda[34] foi positivo. Será que um empregado da fábrica terá a compreensão do que seja o Ebitda, tal como um analista de mercado? Provavelmente não. Portanto, para que a notícia surta o efeito positivo desejado, deverá ter seu conteúdo adequado ao nível de entendimento e até mesmo de interesse de cada público.

Pesquisa de imagem ou opinião é um instrumento para mensurar a percepção da imagem de marca de uma organização junto aos seus diferentes *stakeholders*. Pode ser feita pontualmente, para medir determinado fato relevante, ou anualmente, como procedimento para subsidiar o planejamento estratégico de comunicação. Mesmo que seja feita com questionário de perguntas e respostas fechadas, é interessante manter algum espaço para os entrevistados serem ouvidos, darem sugestões ou mesmo fazerem críticas. Portanto, recomenda-se incluir perguntas abertas. A técnica mista, com entrevistas em profundidade e questionários fechados, apresenta resultados mais ricos. Veja um caso interessante a seguir.

---

[34] Sigla, em inglês, para *earnings before interest, taxes, depreciation and amortization*, ou seja, lucros antes de juros, impostos, depreciação e amortização.

A ARACRUZ FAZ O QUE MESMO?

Em 1990 a Aracruz Celulose, hoje Fíbria, estava duplicando sua então primeira fábrica, que passaria a produzir um milhão de toneladas de celulose por ano e contava com mais de 9 mil empregados, a maioria alocada para as obras de expansão. Diante desse fato relevante, a empresa queria saber qual o impacto de sua expansão junto à sociedade capixaba. Uma das conclusões da pesquisa de imagem realizada era de que a empresa duplicaria também o número de empregos. Naturalmente isso não era verdade, e já prenunciava uma crise quando a segunda fábrica fosse inaugurada. Assim, parte dos esforços de comunicação foi direcionada para esclarecer esse erro de avaliação. A título de ilustração, a nova fábrica — com todas as inovações tecnológicas — foi inaugurada com menos de 3 mil postos de trabalho.

A repetição da pesquisa, ao final da obra em 1992, revelou o desconhecimento de boa parte da população local sobre a atividade-fim da empresa — se papel, celulose ou ambos. Por outro lado, o mau cheiro característico de qualquer fábrica de celulose incomodava as cidades do entorno e suscitava a dúvida sobre ser nocivo à saúde. Diferentes formadores de opinião achavam que a empresa era muito distante e arrogante na sua abordagem à sociedade local. Portanto, a imagem da empresa estava fragmentada e precisava ser melhor trabalhada. Em uma frente foi feita uma campanha integrando todos os meios disponíveis, com o título "A Aracruz dá satisfação à sua comunidade", e a assinatura "Nossas raízes estão aqui". Em cada peça, com conteúdos distintos e veiculação alternada, foram esclarecidas todas as principais dúvidas ou equívocos diagnosticados na pesquisa. Por exemplo, a empresa assumiu o mau cheiro, mas o explicou desde sua origem e o que fazia a respeito, além de afirmar que ele não era nocivo.

Simultaneamente, iniciou a promoção institucional "O folclore do Espírito Santo", registrando toda a cultura e origem das diferentes expressões e manifestações desde a colonização do estado, material que serviu para exposições itinerantes custeadas pela empresa, tendo exposição de fotos inaugurada por representantes de todos os segmentos de *stakeholders*, em diferentes municípios, como forma de estimular o orgulho de ser espírito-santense. Paralelamente, foi distribuído um *folder* artístico às secretarias de cultura e educação em todo o estado e às escolas. O material também foi aproveitado no relatório anual da empresa. Hoje, a Fíbria não sofre qualquer daquelas denúncias, e muitos dos então críticos se tornaram defensores da presença da empresa no estado. Destaca-se, ainda, que esse foi apenas o início, e que a empresa de fato mudou sua abordagem no estado.

A pesquisa de clima organizacional complementa a pesquisa de imagem e é um instrumento para mensurar a satisfação dos clientes internos com a organização. Permite, ainda, descobrir qual é a percepção acerca de determinados projetos ou benefícios. Dependendo do porte da empresa, poderá ser mais ou menos extensa e detalhada. Há empresas que distribuem uma brochura e determinam prazos de até duas semanas para que os empregados respondam com calma, fora do expediente. Outras a fazem online, com poucas perguntas. Algumas dicas: envolver os empregados antes e depois da aplicação da pesquisa — para que se consiga um resultado expressivo em número de respondentes — e também a alta administração na condução e realização da pesquisa desde o começo. Este instrumento permite mapear as perspectivas de melhorias internas em todas as frentes, mas gera grandes expectativas por parte dos colaboradores. Se houver a mobilização interna antes da pesquisa, mostrando sua relevância, e a posterior prestação de contas — apresentando-se com transparência os resultados obtidos e os planos para resolver os aspectos insatisfatórios —, as chances de ela estabelecer um clima de confiança aumentam. É recomendável que a organização realize, de fato, as mudanças sugeridas pelos empregados, ou ao menos explique por que não poderá fazê-lo, quando for o caso. Idealmente a pesquisa deve ser conduzida anualmente, a não ser que haja algum acontecimento relevante que precise ser mensurado.

Apresentaremos a seguir algumas técnicas e indicadores que merecem atenção quando o gestor desenvolve ações de comunicação na internet ou em dispositivos móveis:

❏ CTR (*click through rate*) — É um dos principais indicadores de retorno de investimento em meios digitais com que os profissionais de mídia contam. A taxa de cliques é obtida dividindo-se o número de usuários que clicaram em um anúncio em uma página da internet pelo número de vezes que o anúncio foi publicado. Entretanto, também é fundamental, paralelamente, identificar, por meio de técnicas mencionadas adiante neste capítulo (como etnografia ou netnografia digital), os motivos que levaram os usuários à escolha de um anúncio em detrimento de outro.

- Visitantes únicos (*unique visitors*) — Medida de audiência que permite verificar o número de visitantes de mesmo protocolo de identificação que entraram em um determinado site. É um indicador importante, pois muitas vezes o mesmo indivíduo pode voltar ao site, aumentando o número de visitas, mas não significando de fato aumento no número de novos visitantes.

- Páginas vistas (*pageviews*) — Número de vezes que uma página da internet é visualizada por um usuário. Este indicador mede o nível de atratividade da página, porém não dá pistas sobre os motivos de escolha, o que é indispensável para o gestor identificar os ganchos comunicacionais, ou seja, os fatores de atratividade que ela oferece. Novamente é preciso usar técnicas extras de pesquisa digital.

- Taxa de aquisição — Quantidade de pessoas que aceitaram (*opt-in*) participar de alguma campanha de marketing móvel. Divide-se o total de participantes pelo total da audiência.

- Custo por potenciais clientes (*cost per leads*) — Métrica do número de pedidos de informação ou cadastros gerados após uma campanha digital realizada. Procura-se verificar o número de potenciais usuários entre os que se interessaram pela campanha.

- Número de comentários — Muito usado para identificar a força de uma mensagem postada nas redes sociais. Bastante útil para detectar crises potenciais da marca.

- Minutos de navegação por visita — Permite ao gestor saber o tempo que o usuário permaneceu navegando em seu site. Porém, paralelamente, é fundamental conhecer a motivação, em termos de conteúdo, que atraiu o usuário e o levou a permanecer no site.

- Número de interações por SMS — Identifica o número de interações realizadas por SMS pelos usuários das mídias móveis, de modo a revelar o potencial das mesmas. É fundamental que sejam explorados os assuntos mais comuns suscitados, através de pesquisas qualitativas.

> Veja mais: <www.ideiaconsume rinsights.com.br>.

- Etnografia digital — Os painéis digitais realizados no universo digital da internet são um método útil para se medir a eficácia da publicidade para diversos segmentos de produtos. O painel é composto de um grupo de curadores que são formadores de opinião especializados, e que são encontrados em diversas redes sociais digitais, incluindo os blogs. Nestes, os curadores concordam em fornecer informações de forma contínua às empresas; são informações provenientes dos participantes das comunidades em que interagem ativamente.

- Netnografia — Ocupa-se em entender o comportamento e hábitos dos consumidores no mundo virtual. O termo foi criado por Kozinets (2006) para descrever os resultados dos estudos de culturas e comunidades online e realizar um acompanhamento qualitativo das menções da marca na internet.

- Custo por ação (CPA) — Modelo em que o anunciante remunera um site afiliado por cadastro ou ação feitos após o clique no *banner* do afiliado.

- Custo por venda (CPV) — Neste caso o anunciante remunera o site afiliado baseado num percentual sobre as vendas geradas.

- Taxa de conversão — Número de conversões em negócio resultantes do anúncio veiculado, dividido pelo número de vezes que o mesmo foi clicado.

- Custo por conversão — Métrica em que o custo total do investimento é dividido pelo total de conversões, auxiliando o gestor na identificação do valor gasto por conversão. Exemplo: investimento em links patrocinados de R$ 100,00 ÷ número de conversões = 20. Custo/conversão = R$ 5,00.

Comunicação fractal pede novo raciocínio

Como dissemos no início deste capítulo, é cada vez maior a oferta de novos meios e ferramentas à disposição do gestor da CIM, tornando cada vez mais presente e atual o uso de estratégias chamadas de *cross media*. Com isso também aumenta a necessidade de se desenvolver novas metodologias de mensuração que possibilitem medir os resultados da audiência dentro desta nova realidade.

> *Cross media*: uso de diversos meios, simultaneamente, para divulgação e promoção de uma marca (internet, TV, rádio, mídia impressa etc.), resultando em maior impacto e interatividade com consumidores/clientes ou potenciais clientes. Às vezes é confundida com convergência de mídia e até hoje não há métrica unificada para este tipo de conjunto de mídias que, portanto, devem ser aferidas separadamente.
> Convergência de mídia é difundir uma mensagem por meio das várias plataformas de mídia, e está relacionada com o conteúdo e não com o canal. Há possibilidade de aferir, quando estas mídias são digitais, através de ferramentas específicas.

Encontrar soluções para cruzar plataformas de mídia está atualmente na prioridade dos principais anunciantes. Questiona-se a validade de se colocar um anúncio na TV e um *banner* na internet, por exemplo, e utilizar apenas as métricas para medir sua efetividade individualmente. A pergunta que se quer ver respondida é: como poderemos atribuir e correlacionar os resultados obtidos, efetivamente, para cada uma das mídias ou ferramentas utilizadas simultaneamente? E mais: como encontrar métricas que permitam medir também o nível de envolvimento e de interação das pessoas com as diferentes plataformas, além de medir esta interatividade?

Esta é uma discussão crescente e que tem dominado cada vez mais os congressos e encontros de especialistas em mídia, de todos os tipos e em diversos países. A ponto que, durante o período de preparação deste livro, 14 grandes empresas norte-americanas — entre agências e clientes — se uniram para fundar uma organização cujo objetivo é justamente encontrar métodos de mensuração de audiência mais adequados aos dias de hoje. Com o nome Council for Innovative Media Measurement (CIMM), a iniciativa surgiu a partir do descontentamento do mercado com o atual sistema de métricas e se propõe a financiar estudos e a promover inovações na mensuração das audiências. "[...] Ninguém — ninguém — está medindo a cross plataforma da maneira com que ela precisa ser medida", disse , em entrevista ao *New York Times*, Alan Wurtzel, presidente de pesquisa da NBC Universal e líder do novo conselho.[35]

> Saiba mais em <www.mmonline.com.br/noticias!noticiasOpiniao.mm?idArtigo= 3322>.

O que se busca é uma medição integrada de uma audiência multimeios, em diversas plataformas, para um único usuário ou público-alvo. Cada mídia tem a sua maneira de chegar até o consumidor, e esta fragmentação e multiplicidade de formas está gerando uma complexidade ainda maior, que é: como ser capaz de medir também a qualidade de transmissão dos conteúdos? Ou seja, de que forma o consumidor está sendo impactado, que meios mais chamaram sua atenção, provocaram mais sua emoção, ou mais contribuíram para reter sua lembrança?

Durante anos os profissionais de mídia e de criação das agências de propaganda se acostumaram a exercer e raciocinar suas atividades diante de modelos de negócio já consolidados. Criar um conteúdo relevante para inserção numa página dupla de revista era rotina tanto para os diretores de criação quanto para os diretores de mídia mais experientes, dado que os títulos e os meios de comunicação existiam em quantidade muito menor do que atualmente.

---

[35] Queiroz (2009).

Essa quantidade imensa de novos meios vem obrigando os profissionais a absorver e reciclar seus respectivos *modus operandi* em tempo recorde, o que é humanamente impossível. Porém, mesmo que alguns estejam mais conectados com as inovações, os modelos que compõem esse imenso fractal trazem à tona a dificuldade na criação de métodos únicos capazes de nortear algumas questões fundamentais aos olhos das agências e dos anunciantes: como captar recursos para algo tão novo, como pesquisar para comprovar a eficiência e a eficácia desses novos meios e qual o formato adequado para remunerar as agências de modo que elas tenham interesse em recomendar estratégias dentro desse novo universo de mídias, em detrimento daquilo que era mais conhecido pelo cliente e que lhes traz historicamente mais retorno financeiro. Talvez não exista mais a possibilidade de construir modelos de negócio que sigam apenas um raciocínio, mas, em seu lugar, uma infinidade de modelos, que serão criados e construídos levando em conta as especificidades de cada quadro formado por esses fractais.

> Saiba mais no site <www.ideia consumerinsghts.com.br>, que traz uma série de depoimentos de grandes executivos de agências brasileiras falando sobre estes novos modelos de fazer propaganda que estão surgindo.

Podemos dizer que o cenário atual da comunicação fractal pede um novo modo mais dialético de pensar e organizar os esforços, onde novas mídias requerem novas métricas e a necessidade de se reinventar os processos de mensuração das atividades de comunicação.

A seguir iremos apresentar a você, leitor, algumas fontes para poder atualizar e aprofundar seu conhecimento sobre a CIM — suas ferramentas, instrumentos de mensuração e pesquisa.

As fontes de pesquisa em CIM

Preparamos uma lista básica contendo algumas fontes de consulta, que acreditamos serem relevantes para a compreensão do universo da CIM (quadro 2), e cujos respectivos endereços na web poderão ser encontrados dando-se uma busca simples em mecanismos como Google ou Yahoo.

Quadro 2
FONTES DE INFORMAÇÃO DO AMBIENTE DA CIM

O que deseja saber	Fonte
Informações sobre o impacto das ações de *merchandising* nos PDV	Popai Brasil
Consumo, opinião, marca e audiência	Ibope e Abep
Posicionamento, saúde da marca e mídia	Ipsos Marplan
Mensuração de varejo, painel de comportamento de consumo	Nielsen
Verificação da circulação de jornais e revistas	IVC
Regulamentação publicitária	Conar e Cenp
Melhores práticas de comunicação e marketing	ABA (Associação Brasileira de Anunciantes)
Comunicação empresarial e assessoria de imprensa	Aberje
Informações sobre os meios de comunicação e mercado publicitário	Meio & Mensagem
Informações sobre o dia a dia da propaganda	Portal da Propaganda e Bluebus
Marketing promocional	Promoview e Ampro
Número de pessoas com acesso à internet — mundo	Gnet T (Global Internet Trends)
Número de pessoas com acesso à internet — Brasil	Cetic.br

continua

O que deseja saber	Fonte
Evolução de acessos à internet por classe social — mundo	TGI
Evolução de acessos à internet por classe social — Brasil	Ibope/NetRatings
Horas de navegação na internet — Brasil	
Locais de acesso à internet — Brasil	
Perfil do usuário de internet — Brasil	
Categorias mais acessadas na internet — Brasil	
Penetração da internet por classe social — Brasil	Ibope Pop
Redes sociais — mundo	IT Web
Gastos em propaganda interativa — mundo	Zenith Optimedia PWC
Incentivos para projetos promocionais em celulares	Harris Interactive
Marketing viral e marketing digital	Word of Mouth Marketing Association e Technorati
Domínios web no Brasil	Fapesp
Monitoramento do perfil no Twitter	Twist.flaptor.com
Monitoramento de seguidores no Twitter	Crazybob.org/twubble
Histórico de perfis no Twitter	Twittercounter
Comunicação empresarial — mundo	IABC (International Association of Business Communicators)
Branding — mundo	Interbrand — BrandChannel

É óbvio que neste ambiente em plena efervescência, como é o da comunicação digital, a cada dia surgem novos institutos de pesquisa, associações profissionais, provedores de serviços, eventos e mídias online especializadas, além de blogs criados por *experts* na área. Assim, consolidar uma lista com fontes de informação é um trabalho em progresso permanente.

Agora que já está munido de instrumentos gerenciais para organizar suas atividades e medir alguns dos esforços, vamos provocar você, leitor, a fazer algumas reflexões sobre como usar tudo isso. No próximo capítulo, apresentaremos várias perguntas importantes, mas, em lugar de respondê-las, faremos algumas considerações e deixaremos a seu critério encontrar o seu melhor caminho.

5

Este bolo não tem receita...

Este capítulo se dedica a tratar dos questionamentos mais recorrentes e presentes na vida de um gestor de marketing em relação às atividades de comunicação. Mais do que dar respostas, convidamos o leitor a refletir o que um gestor deve levar em conta para decidir quais os melhores caminhos a seguir. As soluções mais adequadas serão aquelas que atenderem às especificidades da área de atuação da empresa. Não existe manual próprio, bula, ou mesmo um caminho único considerado certo para resolver os desafios. O que existe são caminhos e estradas vicinais que poderão auxiliar o gestor a chegar ao seu destino e, dependendo de suas escolhas e circunstâncias, percorrê-los mais ou menos rapidamente. Se ele souber onde está e onde pretende chegar, ficará mais fácil determinar para quem irá direcionar seus esforços e, então, selecionar as formas de atingir seus objetivos. Por exemplo: construir marcas ou vender mais? É um desafio? Um dilema, talvez? Afinal, toda marca aspira a ser reconhecida e lembrada, para que suas vendas se multipliquem.

O panorama de incertezas permeia a realidade das organizações. Crises podem acentuar esses aspectos, mas circunstâncias inesperadas e novas são a cada dia mais frequentes. Vamos, então, a algumas questões que precisam ser consideradas.

Vendas ou marca: é preciso escolher?

A pressão habitual por resultados de curto prazo pode levar o gestor a buscar saídas mais imediatistas, a exemplo de promoções de vendas com técnicas envolvendo descontos, liquidações e queima de estoques. No entanto, o conhecido *bottom line*[36] não deveria excluir a construção de marca, o que implica o uso estratégico de diferentes ferramentas de comunicação em sinergia com os demais objetivos de longo prazo da organização.

O uso indiscriminado de promoções, principalmente as vinculadas à guerra de preços, não é recomendável — o consumidor acaba se habituando a pagar menos pelo produto e, quando a promoção acaba, é difícil recuperar o patamar de preço anterior. Cenários de crise tendem a agravar ainda mais essa pressão por resultados e dificultar o ajuste de foco. Devemos apostar no curto prazo? Esse dilema — apostar em resultados imediatos *versus* garantir o *brand equity* com visão de longo prazo —, ainda que recorrente, precisa ser equacionado. A visão de *brand equity* não exclui o curto prazo, como se observa no caso da Parmalat, com sua campanha dos mamíferos, entre outras ações, que em pouco tempo conseguiu ampliar o *share of heart* e construir uma marca de alto valor.

O que faz diferença é a visão estratégica, a sinergia entre a cultura da organização e a forma de traduzir tudo isso por meio de ações. É possível buscar soluções de CIM que permitam trabalhar ambos os aspectos. A título de exemplo, diversas são as empresas

---

[36] Resultado final (tradução livre).

que fazem promoções de vendas em canais exclusivos, seja por meio de internet, celular ou em redes sociais. Aliam a essa prática, ainda, promoções de incentivo para sua força de vendas, buscando estimular e recompensar aqueles que obtiverem os melhores resultados. Se a verba permitir, ainda complementam essas ações com anúncios institucionais, em mídia digital ou tradicional. Se o canal escolhido para a promoção de vendas tiver sido exclusivamente o portal da empresa, por exemplo, é possível postar uma provocação em canais como Twitter, Orkut ou Facebook, que remetam os participantes ao referido portal. Ou, ainda, mandar um torpedo exclusivo direto para o celular dos clientes em potencial, convidando-os a entrar no portal e participar da promoção mediante o uso de algum código específico promocional. Trata-se de uma ação de custo relativamente mais baixo do que se fosse em canais abertos e de massa. Outra ferramenta de comunicação de baixo custo relativo para alavancar essa mesma promoção poderia ser o uso de assessoria de imprensa. Permitiria tanto obter resultados de curto prazo como de construção de marca. Dependendo dos ganchos jornalísticos empregados, serviria ainda para gerar residual de lembrança da marca.

Muitas vezes a CIM contribui para abrir espaço em novos pontos de distribuição e novas praças, ampliando a presença e a capilaridade da marca. Aquelas já conhecidas e admiradas parecem ter mais facilidade de penetração em novos mercados, como demonstra o caso da Nestlé na ocasião do lançamento de sua linha de rações Friskies. Apesar de todo o portfólio de produtos que a Nestlé já comercializava nos supermercados, quando lançou a citada linha de rações, precisou trabalhar com a estratégia de bonificação, oferecendo grandes quantidades de produto gratuito para convencer os varejistas a colocarem a ração nas prateleiras. Na outra ponta, os clientes eram motivados a demandar o produto pela campanha na mídia e pela força da marca, criando um círculo virtuoso.

A moral da história é que vendas e *branding* são complementares: de nada adianta vender mais no curto prazo, obtendo receita e capital de giro, sem cuidar da marca e sem garantir a longevidade da empresa. Por outro lado, é inegável que uma marca forte ajuda a potencializar as vendas, seja junto aos canais de distribuição, seja junto ao consumidor final.

Por que é melhor adotar uma comunicação consciente?

Comunicação consciente está diretamente associada aos compromissos éticos e atitudes espelhadas pela marca e à conduta reta das pessoas e organizações. Não é aceitável, em suas peças de comunicação, iludir consumidores com promessas vazias, produtos que anunciam soluções que não irão se efetivar ou que resultam de processos fabris ecológica e socialmente irresponsáveis. O consumidor, cada vez mais abastecido de informações, exige transparência e posturas que reflitam os valores da organização em todos os seus pontos de contato com ele. A ética pode ser percebida, por exemplo, nos diferentes rótulos de produtos, que trazem informações verdadeiras e reais sobre os conteúdos, indo além do que exige a lei. Será que cabe, ainda, produzir materiais de comunicação considerados desrespeitosos ou preconceituosos, reforçando estereótipos ultrapassados e inaceitáveis? Contribui mais para uma sociedade saudável veicular anúncios que não retratem mulheres como mercadorias, idosos como improdutivos e homens alheios à vida doméstica e familiar.

Com o advento da internet, as pessoas conseguem participar mais ativamente, fiscalizando as práticas empresariais e condenando-as quando se sentem desrespeitadas. Além dos canais oficiais onde podem ser registradas reclamações, a exemplo de SACs ou sites, há ainda os oficiosos, dedicados a denunciar empresas que não respondem às reclamações, que abusam da paciência do consumidor para efetuar trocas ou entregar o que prometeram. De denúncias no Twitter a paródias no YouTube, assistimos a mudanças significativas na postura e atitude dos consumidores. Essa mudança de papéis deve levar o gestor a refletir sobre como ele e sua organização podem contribuir para um mundo melhor, e nos remete diretamente a conceitos como responsabilidade social, consumo consciente e sustentabilidade, exigindo esforços de comunicação muito além do que se imagina.

As iniciativas da CIM precisam revelar em que nível a organização está engajada nessas questões. Por exemplo, a produção de materiais com papel reciclado ou selos e certificações que possam contribuir para sinalizar nas embalagens, aos seus consumidores, a procedência das mercadorias. Já é crescente a preocupação de organizadores de shows e eventos em zerar as emissões de carbono decorrentes dessas iniciativas, plantando árvores ou manejando áreas protegidas ou reservas de preservação.

> Materiais de apresentação da Aracruz Celulose no início dos anos 1990 traziam dois recursos aparentemente simples de comunicação que resolveram sérias ameaças de perda de vendas:
> a) um carimbo que estampava nos fardos de eucalipto embalados para exportação a seguinte frase: "100% *planted eucalyptus*". O objetivo era dirimir as dúvidas quanto ao desmatamento de reservas nativas, afirmando que 100% de seus produtos vinham de árvores de eucalipto especialmente plantadas;
> b) a inclusão de um pequeno mapa do Brasil, onde havia basicamente dois pontos assinalados — o estado do Espírito Santo e a Amazônia — e uma linha mostrando a distância geográfica entre ambos. O objetivo reforçava o aspecto levantado no primeiro item, enquanto aproveitava para reiterar onde estavam localizadas as florestas da empresa.
> Ambos os recursos passaram a integrar todos os materiais de comunicação da Aracruz, e respondiam a questionamentos de investidores e compradores.

Projetos ou causas que reflitam a postura e o apoio à responsabilidade corporativa, seja no âmbito esportivo, cultural, social ou ambiental, podem servir de meios para diferenciar marcas no mercado e reforçar seu posicionamento. É importante não confundir o que é essência da marca com simples ações espetaculosas para atrair holofotes e gerar visibilidade na mídia. Empresas que visam apenas o espetáculo, sem projetos consistentes, correm o risco de sofrer denúncias por grupos organizados — ONGs, redes sociais e até mesmo a imprensa aberta e de massa. Isso ajuda a enfraquecer a boa reputação e a ampliar a rejeição à marca.

Portanto, quaisquer que sejam as situações, o gestor deve sempre questionar se, ao formatar a comunicação e os diversos projetos, está levando em conta a ética, contribuindo para a construção da cidadania e para a conscientização do público rumo a uma sociedade melhor.

Como lidar com a diminuição de controle sobre a própria imagem corporativa?

Como já vimos no capítulo 1, as empresas perderam a centralidade das informações a seu respeito, porque qualquer um pode produzir, distribuir e, em alguns casos, alterar os conteúdos sobre seus produtos, serviços e posturas — sejam filmes de campanhas, *slogans*, textos ou relatórios institucionais —, e até mesmo provocar mudanças no modelo de negócio da empresa. Veja o que aconteceu com as indústrias fonográfica e cinematográfica, cuja cadeia produtiva sofreu uma verdadeira revolução. O filme *Tropa de elite,* antes mesmo de entrar em cartaz nos cinemas, já tinha sido assistido em meio digital por muita gente, e o mais recente filme *X-Men* vazou na internet antes de ser lançado oficialmente. Os filmes da série de jogos Final Fantasy e vários seriados de TV foram editados e remontados por fãs em dezenas de versões no YouTube, com trilha sonora e histórias que alteram completamente seus roteiros originais, juntam personagens em romances antes inexistentes e criam novas aventuras — cada um constrói o enredo, o clima e o final que mais lhe apetece!

A Unilever investiu milhões na "Campanha pela real beleza" em mídia tradicional e marketing viral — com o filme *Dove evolution*, já mencionado no capítulo 3 —, mas foi alvo de uma denúncia em abril de 2008 feita pelo Greenpeace com o filme viral Dove onslaughter, postado na internet, acusando-a de exploração não sustentável do óleo de palma nas florestas da Indonésia. Apenas um mês depois, os executivos da empresa se reuniam com a diretoria do Greenpeace para estabelecer uma moratória na extração da matéria-prima e liderar uma coalizão da indústria de cosméticos para preservar a floresta.

> Saiba mais: <www.greenpeace.org/international/campaigns/forests/asia-pacific/dove-palmoil-action>.

Pesquisa da Accenture realizada com 3 mil consumidores dos EUA indicou que, de 2008 para 2009, houve um acréscimo significativo no uso de ferramentas de comunicação como blogs, *podcasts* e redes sociais, pelos chamados baby boomers, como pode ser observado na tabela a seguir.

> Relembrando: a geração nascida no pós-guerra, entre 1946 e 1964.

PESQUISA ACCENTURE — ADOÇÃO DE NOVAS TECNOLOGIAS

Novas tecnologias	Geração Y 2008	Geração Y 2009	Baby boomers 2008	Baby boomers 2009
Ler blogs/ouvir *podcasts*	45%	45%	15%	26%
Acessar redes sociais	80%	82%	18%	28%
Ver/postar vídeos na internet	68%	67%	26%	36%

Fonte: Adaptado de *O Globo*, 4 jul. 2009, p. 32.

Por serem pessoas com mais de 45 anos, entre algumas das conclusões está o fato de esta geração precisar aprender a usar os novos canais, de modo a se aproximar de seus filhos e acompanhar esse novo estilo e ritmo de vida. Para o gestor, pressupõe que estratégias se tornam obsoletas rapidamente em um cenário de imprevisibilidade, antes mesmo de as pessoas absorverem o novo. Implica ainda uma série de reinícios, alimentando a cultura do descartável, inclusive nas relações, como evidenciou Bauman (2007:7) com seu conceito de "vida líquida":

> A vida líquida é uma forma de vida que tende a ser levada à frente numa sociedade líquido-moderna. Líquido-moderna é uma sociedade em que as condições sob as quais agem seus membros mudam num tempo mais curto do que aquele necessário para a consolidação, em hábitos e rotinas, das formas de agir.

Esse descartável não se refere apenas ao problema da geração de lixo, mas também à superficialidade e volatilidade das relações, inclusive entre os consumidores e as marcas. A cada dia seus gestores buscam mais lealdade, enquanto os consumidores se veem assediados por infindáveis promoções. Programas de fidelização, por exemplo, que premiam seus participantes com brindes, milhas e tantos outros mimos, têm impacto direto na margem de lucro das empresas. Na prática, isso representa para elas maior exigência quanto à criatividade, inovação e ousadia para surpreenderem o consumidor sem, obrigatoriamente, corroerem as margens ou fazerem algo que é lugar-comum e já não consegue trazer diferenciação para a marca. Representa, ainda, estarem atentas às mudanças de comportamento, valores e atitudes deste consumidor, que interage, cobra e participa mais.

Pesquisas são fundamentais e, se não houver verba para tanto, é importante ao menos buscar o maior número de informações sobre o mercado e os públicos a quem se destinam as atividades da CIM. Observar e perguntar custa pouco e pode trazer surpreendentes revelações para auxiliar o gestor.

Essa mudança de comportamento requer atenção e agilidade para tomadas de decisão que acompanhem a falta de tempo do cliente, a abundância de ofertas e a volubilidade das pessoas, com sua atenção dividida entre um excesso de estímulos. Principalmente se estiver lidando com o "nativo digital", ou seja, indivíduo multitarefa e com raciocínio não linear, que já nasceu num mundo com internet, celulares, computadores, e-mails e blogs.

É necessário considerar a contratação de serviços especializados em monitoramento e acompanhamento em tempo real do que é dito a respeito da empresa no universo digital, a exemplo dos *clippings* tradicionais de mídia impressa e eletrônica, e formar equipes internas de serviços de respostas online, como fazem os *call centers* via telefone. É necessário estar atento para a precisão e correção das informações que circulam, sob pena de perder vendas e o valor da marca. A inexatidão, erros e até as inverdades produzem danos à imagem e poderão afetar a reputação da marca.

Como atrair a atenção de uma audiência sobrecarregada?

Os gestores precisam perceber que, por vezes, mensagens mais curtas, relevantes e diretas são mais eficazes do que a tentação de fornecer informações hiperdetalhadas e com linguagem complexa. O velho ditado "menos é mais" está cada vez mais atual num ambiente com tanta oferta de canais e conteúdos. Nada impede que sejam montados extensos gráficos e tabelas, ou levantados números e séries históricas, desde que sejam trabalhados em paralelo à comunicação principal. Basta mencionar que informações complementares estão disponíveis, seja indicando um site, link para hotsite ou até fornecendo um CD-ROM ou *pen-drive* — prática cada vez mais comum em feiras setoriais e congressos —, evitando-se o desperdício de papel e o excesso de peso para carregar. Qualquer peça de comunicação precisa ter um mando visual, ou seja, uma distribuição dos elementos que dirija o foco da atenção numa clara hierarquia, desde a informação mais essencial até as secundárias. Quem quer comunicar tudo acaba não comunicando nada, pois coloca o receptor numa confusão mental e logo perde sua atenção.

Tente analisar as mensagens transmitidas pela empresa: o idioma está corretamente empregado? Os comentários postados e as imagens são agradáveis, precisos, lúdicos, limpos? Ou transmitem um ar de bagunça, falta de cuidado e de revisão?

Uma empresa pode transmitir competência e ter produtos inovadores e de excelente qualidade mesmo em um ambiente alegre e descontraído — os escritórios do Google são mundialmente fotografados e a empresa brinca com o formato da sua logomarca na página da internet. O importante é que esses elementos traduzam a essência da marca e sejam refletidos de forma coesa e coerente em todas as oportunidades de contato com seus diversos públicos.

Uma boa comunicação requer colocar-se no lugar dos diferentes *stakeholders* e questionar o que cada um mais quer ou precisa de fato saber. Isso irá direcionar os esforços de comunicação, tanto no conteúdo como na linguagem, nas atividades e na escolha dos meios a serem usados. Se você trabalha em uma indústria que fabrica produtos de consumo de massa, por exemplo, pode precisar convencer o distribuidor a aceitar suas metas de vendas. Um *broadside* ou anúncios em revistas específicas do setor precisam ser atraentes e informar os ganhos que os distribuidores poderão obter, que tipo de apoio na forma de campanhas de comunicação suas marcas irão receber, quais as margens envolvidas, entre outras informações consideradas relevantes para este público. São apenas exemplos de duas diferentes formas de buscar essa cumplicidade na obtenção de resultados.

O desafio de capturar a atenção de um indivíduo dispersivo em um ambiente com excesso de estímulos e ofertas torna o cenário bem mais complexo e obriga o gestor a pensar novas formas de atuação. A cena de um espectador em frente à TV, assistindo passivamente à programação de uma grade montada por uma emissora — e seus comerciais —, está cedendo lugar a novas possibilidades mais interativas. Atrair a atenção desse consumidor para provocar seu desejo e fazê-lo ir às compras não deixa espaço para amadorismos. O sucesso da propaganda brasileira talvez espelhe esta incessante busca por criatividade, superação e resultados. Por outro lado, se atrair sua atenção já é uma vitória, infelizmente não é mais suficiente para assegurar a longevidade das vendas e a admiração pela marca. É preciso envolver esse consumidor e torná-lo participante. Interagir com a marca parece ser o caminho, seja brincando por meio de jogos existentes ou especialmente desenvolvidos, envio de *teasers* via SMS ou *tweets* e marketing digital. A cada dia surgem novos instrumentos e meios para se relacionar. É preciso acompanhar atentamente essas novidades, questionando a relevância e pertinência delas ao seu produto e perfil de público, independentemente do porte da organização. A padaria Farinha Pura, no Rio de Janeiro, avisa via Twitter aos seus clientes cadastrados sobre a saída de uma nova fornada de pão quentinho, e associa isto à entrega em casa.

A realização de promoções costuma aliar benefícios temporários à participação e interação com a marca. Aqui o gestor deve refletir sobre como a sua marca poderá proporcionar experiências únicas e satisfatórias, não apenas para estreitar o seu relacionamento com o público, mas para permanecer na sua lembrança.

O dilema do cobertor curto: como investir a verba com mais eficiência?

Diante de todas as opções oferecidas, você deve estar se perguntando como aproveitar todas essas oportunidades dentro dos limites da verba disponível, especialmente se existir uma pressão por redução de custos devido a alguma contingência da empresa ou do mercado. Precisa também eleger quais atividades lhe trarão os melhores resultados — seja de vendas, construção de marca, reação a um concorrente ou qualquer outro objetivo —, surpreendendo, atraindo e envolvendo o público desejado.

Alguns exemplos concretos: se antes os brindes circulavam com fartura, agora as empresas têm restringido sua distribuição principalmente aos nichos que possam gerar resultados mais diretos e imediatos. Se sua empresa não tem como produzir volume suficiente ou mesmo entregar mercadorias em todo o território nacional, não é razoável fazer propaganda em rede nacional. A própria seleção de meios deve espelhar a realidade da empresa. Se ela está sediada em uma cidade pequena, pode usar, em um primeiro momento, desde rádio a carros de som, distribuição de filipetas ou mesmo a contratação de homens-sanduíche.[37] À medida que vai obtendo resultados e ganhos, o gestor poderá ir ampliando e diversificando as atividades e canais de comunicação e aumentando os investimentos. Promoções do tipo distribuição de amostras podem começar em pequenas praças ou poucos canais e gradualmente se expandir a partir dos resultados positivos obtidos.

Existem empresas que realizam concorrências internas pelas verbas. Independentemente do montante anual dedica-

---

[37] Promotor que anda pelos espaços públicos com cartazes pendurados no peito e nas costas.

do à comunicação, a empresa separa um percentual do total para os projetos que já fazem parte de sua história, e um outro percentual para novos projetos. Então, instala concorrência interna entre os departamentos, que irão disputar esse residual de verba. Pode ser, por exemplo, uma proporção de 70% da verba total destinada aos projetos já consolidados e 30% a serem disputados pelos novos projetos. Não existem percentuais ideais; cada empresa os determina segundo suas próprias convicções e conveniência. Tais concorrências, além de envolver as equipes, estimulam-nas a raciocinar estrategicamente e buscar soluções criativas e eficazes. Naturalmente que recebem verba os projetos considerados melhores, com sinergia e coerência com os objetivos pretendidos.

Quanto ao modelo ideal de orçamento, depende do negócio e da cultura da organização. Há basicamente cinco modalidades, que serão explicadas a seguir: percentual sobre as vendas, valor fixo por unidade, paridade competitiva, disponibilidade de recursos e o método objetivo-e-tarefa.

A primeira estabelece um percentual sobre o volume de vendas — atuais ou estimadas. Já o valor fixo, usado, por exemplo, por fabricantes de alguns bens de consumo de massa, determina que uma fração fixa do preço final será destinada aos esforços de comunicação. O método de paridade pressupõe que você saiba qual o orçamento dos seus principais concorrentes e busque equipará-lo aos deles ou estabelecer um percentual dessa verba. A disponibilidade de recursos, comumente adotada, requer que você defina previamente qual o montante disponível e, a partir daí, faça suas escolhas de comunicação. Por último, o método objetivo-e-tarefa — o mais estratégico — pressupõe que você definiu seus objetivos, transformou-os em estratégias, desdobrou-as em ações táticas e, só então, orçou o que pretende.

Todos esses métodos têm suas peculiaridades, qualidades e limitações. Caberá ao gestor, que conhece a realidade da empresa na qual trabalha e o ciclo de vida em que se encontra a sua marca ou produto, definir qual o caminho mais indicado para o seu caso.

Como avaliar e validar todos os esforços da CIM?

Mais do que nunca os gestores buscam métricas para aferir os resultados dos esforços de comunicação. O capítulo 4 apresentou as mais utilizadas e recorrentes, embora existam inúmeras outras. O fato é que tanto marcas como produtos podem ser avaliados por seus aspectos tangíveis e intangíveis, traduzidos em resultados quantitativos e qualitativos. Idealmente você estabelecerá objetivos de comunicação e os respectivos esforços pretendidos, num determinado período de tempo, com dados mensuráveis e quantificáveis. Por exemplo: "X" visitas ao site, "Y" inscrições de código promocional, "Z" GRP (*gross rating points* ou audiência bruta). Assim será mais fácil acompanhar o desenvolvimento da campanha. Em um evento pode-se medir o número de pessoas que compareceram, mas isto não quer dizer que ele tenha sido um sucesso, mesmo do ponto de vista quantitativo. Adicionalmente, é preciso avaliá-lo pela ótica qualitativa: quem efetivamente é relevante para a marca e para os objetivos preestabelecidos? Este raciocínio pode ser aplicado às ferramentas, meios, canais e instrumentos de comunicação, e a maior parte tem, ainda, seus próprios indicadores específicos, como já vimos.

A visão estratégica e a sensibilidade do gestor é que irão adequar os aspectos tangíveis e intangíveis à realidade da sua empresa, seus objetivos, estratégias e ações táticas escolhidas. Uma marca poderá decidir dividir o esforço promocional com outra(s) marca(s), por ser politicamente importante para obter visibilidade ou mesmo aproximar-se de determinados *stakeholders*. Ou então decidir ampliar o seu *share of heart* e estimular a lembrança da marca junto ao consumidor final. Neste caso, o desafio será escolher adequadamente o conjunto de indicadores, tanto qualitativos como quantitativos, que melhor possam traduzir o que se espera como resultado. Neste período de grande transição pela qual a área de comunicação vem passando, muitos novos indicadores estão ainda sendo construídos e testados. Na verdade, ainda existem dúvidas até mesmo quanto à pertinência de alguns dos indicadores tradicionais ou sua adequação a realidades culturais e setoriais diferentes, ainda que sejam universalmente usados.

As fontes de pesquisa que hoje validam os esforços da CIM são as mais diversas, diferentemente de outrora, quando Ibope, Marplan, Nielsen e meia dúzia de outras instituições dotadas de credibilidade monitoravam o mercado. Vejamos, por exemplo, a internet. Há desde o Monitor do Ibope e o Nielsen/NetRatings até alguma boa empresa de consultoria do mercado, por vezes com indicadores mais adequados para o negócio do que os dos grandes institutos tradicionais. Hoje é possível ter uma ferramenta de análise gratuita para monitorar o site da empresa em tempo real.

> Procure o Google Analitics e divirta-se!

No evento ProXXIma 2009,[38] que reuniu os profissionais de comunicação e marketing para discutir as mídias do século XXI, defendeu-se a tese de que, quando se trata de avaliar os esforços da CIM, é preciso que o ROI não seja a premissa, mas a sua consequência. O ambiente digital não deveria ser "contaminado" por essa visão eminentemente numérica, até porque os retornos costumam ser desproporcionais ao investimento realizado, como foi o caso das campanhas "Whopper sacrifice", do Burger King e de Barack Obama à presidência.

---

[38] Veja <www.proxxima.com.br/eventos/proxxima/2009/home/>.

"Em que momento a palavra ROI entrou em discussão na campanha do Obama?" — questionou Luiz Ritton da agência Lew Lara/TBWA, defendendo que grandes ideias estratégicas acabam gerando retorno satisfatório sobre o investimento.[39] Ezra Geld, da agência JWT, sugeriu: "Ao invés de pensar em Return On Investment, deveríamos pensar em Return On Engagement".[40] E completou: "É preciso levar em conta que hoje podemos participar, mesmo que de forma virtual, da mesa de boteco das pessoas. É um nível de diálogo que não existia antes". O diretor de Marketing da Claro, Erik Fernandes, enfatizou que se deve encontrar um modo de unificar os diversos modelos de mensuração e que os resultados das mídias não podem mais ser considerados de maneira isolada: "O mix de comunicação tem que ser medido de uma maneira que mostre a eficiência do cruzamento das mídias".

Cabe ao gestor contemporâneo não apenas a utilização de índices e métricas já convencionados, mas também se apropriar de informações de diversas fontes e, por vezes, criar as suas próprias métricas, tentando tomar as decisões mais precisas possíveis para a sua empresa.

Uni-duni-tê: que comunicação eu vou escolher?

Administrar sempre foi fazer escolhas, e toda escolha implica ganhos, mas também perdas. No ambiente tão fragmentado da comunicação moderna, o gestor fica ainda mais dividido diante de possibilidades de meios, apelos, ferramentas e veículos, que brotam em ritmo ininterrupto.

---

[39] Fonte: Lemos (2009).
[40] Ou retorno sobre o engajamento (tradução livre).

Cabe ao gestor a identificação do esforço que dedicará a cada atividade de comunicação e de como o cruzamento das mesmas pode trazer resultados eficientes e eficazes.

Uma das dúvidas mais usuais é o tipo de apelo que será explorado — emocional ou racional. A verdade é que não é preciso escolher um ou outro, pois cada *stakeholder* tem suas peculiaridades, e o modo de abordá-lo varia conforme a circunstância. Logo, ambos os apelos podem e devem ser utilizados de forma complementar. Por exemplo, uma empresa, ao se comunicar com seu consumidor final, pode mostrar selos ambientais e tabelas nutricionais (apelos racionais), ao mesmo tempo que trabalha a forma lúdica e a estética agradável da embalagem (apelos emocionais).

O gestor precisa buscar, por meio de técnicas de pesquisa tradicionais, informações a respeito das particularidades dos públicos, meios e mercados em que atua. Para "turbinar" esses dados, dando a eles uma interpretação mais rica, deve ampliar o seu olhar, tornando-se um observador antenado com o espírito de sua época. Deve estar aberto para "pensar fora da caixa", abrir-se para ideias vindas de fontes não tradicionais, como artes, antropologia, filosofia ou moda, entre outras, e procurar interagir com profissionais dessas áreas, frequentando mais esses ambientes. O profissional de marketing deveria ser tão livre pensador quanto um artista, alimentando continuamente sua sensibilidade. Feito isto, estará pronto para realizar suas escolhas diante da pluralidade e diversidade de opções de comunicação.

Um sintoma dessa nova forma de trabalhar foi a necessidade de todos os envolvidos no processo — agências, anunciantes e veículos — atuarem de modo interdisciplinar e transversal. A figura de uma grande agência, que resolvia todas as demandas de comunicação do cliente, como a de grandes empresas de mídia, que concentravam a maior parcela dos investimentos deu lugar a várias pequenas agências especializadas, atuando no entorno da grande agência ou como divisões desta. Quanto às mídias, hoje há, no universo digital e no ambiente *no media*, inúmeras possibilidades profissionalizadas e efetivas. Fernando Vilàs, presidente do grupo publicitário francês Havas, considera que o modelo tradicional de agência tornou-se inadequado na era digital, e que metáforas como *target*, guerrilha, campanha e lançamento, originárias de um período pós-Segunda Guerra, não se aplicam mais. "Estamos [agora] diante de um panorama muito diferente, que é muito mais democrático, muito mais social, muito mais interessante, mas muito mais difícil para os profissionais de marketing".[41] Sua opinião é compartilhada por altos executivos de outros grandes grupos, como Interpublic, Omnicon e WPP. As verbas dedicadas à publicidade tradicional vêm decaindo paulatinamente desde 2002, no mundo todo. Com a crise econômica, os consultores da Price Waterhouse Coopers estimam que os gastos com publicidade só irão recuperar os níveis de 2006 daqui a quatro anos, enquanto a propaganda na internet vai mais que dobrar a sua participação no orçamento das empresas, chegando a quase 18%.

Estas mudanças incluem a forma de os anunciantes remunerarem suas agências, já que as atividades online/digitais costumam ser mais baratas do que inserções na mídia tradicional. Porém, por serem mídias fragmentadas, geram um trabalho muito maior e uma receita relativamente menor para essas prestadoras de serviço, que têm revisto seu modelo de negócios. É comum, hoje, serem remuneradas por performance, ou seja, não cobram mais por hora ou comissão (esforço), e sim pelos resultados obtidos. A Coca-Cola, um dos maiores anunciantes do mundo, por exemplo, já vem adotando este formato.

---

[41] Fonte: FT.com. Disponível em: <www.ft.com/cms/s/0/92d4daf4-933c-11de-b146-00144 feabdc0.html?nclick_check=1#More> (tradução livre).

Neste momento de grande transição para a área de comunicação, esperamos ter levantado questões relevantes, embora seja impossível cobrir toda a gama de dúvidas que podem surgir neste ambiente. Assim, não se angustie, pois você faz parte, com suas reflexões e experiências inéditas ou inovadoras, da construção desse novo paradigma que, como poderá ver no próximo capítulo, vai além da sua imaginação.

6

A comunicação fractal

Não são as espécies mais fortes que sobrevivem, nem as mais inteligentes, mas aquelas mais aptas às mudanças, já dizia Darwin (2009) em sua Teoria da Evolução. Inspirados nisto, queremos fazer aqui uma provocação aos gestores de comunicação e marketing: hoje, mais do que nunca, é preciso que estejam bastante antenados e abertos a experimentar, ousar, inovar.

Neste capítulo oferecemos um vislumbre de ações extremamente inovadoras, que estão surgindo graças às novas tecnologias convergentes. A estrutura será como a de um grande blog cheio de *posts*, para colocar o leitor no clima desse mundo de informação fragmentada, sintética e transversal. Não cabe a nós fazer juízo de valor em relação ao que acontece na blogosfera ou nas redes sociais digitais, mas tentar, ao máximo, provocar o leitor a perceber como o executivo atual pode "surfar" nessa gama imensa de opções. Você vai ver, já de saída, que fica até difícil estabelecer uma fronteira entre as diferentes abordagens que mostraremos a seguir.

As tecnologias que vêm sendo criadas de forma cada vez mais acelerada proporcionam novas plataformas a serem exploradas, especialmente se levarmos em conta que toda marca precisa investir nos seus futuros consumidores e, não, viver acomodada no passado, em terrenos e com públicos já conquistados. Para atingir 50 milhões de usuários, o rádio demorou 38 anos, a televisão 13 anos, a internet apenas quatro anos e o iPod, tocador de músicas digitais da Apple, demorou três anos. O Facebook levou nove meses para atingir 100 milhões de usuários e, se fosse um país, seria hoje o quarto do mundo em população, perdendo apenas para China, Índia e EUA.[42]

Os hábitos e valores da sociedade mudam, novos segmentos de público se interessam pela marca, boa parte dos clientes é volúvel e curiosa e, bem ou mal, acaba se adaptando aos novos tempos. Basta ver alguns dados curiosos: o crescimento mais rápido de usuários do Facebook é de mulheres entre 55 e 65 anos de idade. Nos Estados Unidos, um em cada oito casamentos aconteceu entre pessoas que se conheceram por meio de sites de relacionamento. Um estudo do Departamento de Educação dos EUA revelou que, em média, os alunos que estudam online têm melhor desempenho do que aqueles que recebem aulas presenciais; um em cada seis estudantes do ensino superior posta seu currículo online e 80% das empresas utilizam o Linkedin como principal ferramenta para encontrar futuros funcionários. As gerações Y (milênio, nascida entre 1980 e 1990) e Z (*next*, nascida após 1995)[43] consideram o e-mail ultrapassado e, por conta disso, em 2009 o Boston College parou de enviar e-mails para seus alunos.

---

[42] Fonte: <www.youtube.com/watch?v=sIFYPQjYhv8&eurl=http%3A%2F%2Fpanmedialab%2Eorg%2Fblog%2F&feature=player_embedded#t=51>. Acesso em: 28 ago. 2009.
[43] Como dito antes, há muita variação de datas conforme a fonte e os autores.

Para o gestor de CIM, a adesão crescente dos consumidores ao universo digital representa a necessidade de rever suas estratégias e considerar sua inserção nele, apesar de todos os riscos ainda inerentes a um ambiente inovador como esse. Apenas 18% das tradicionais campanhas de TV geram ROI (retorno sobre investimento) positivo e 78% dos consumidores confiam nas recomendações online, enquanto somente 14% confiam em anúncios. A geração Y, em 2010, deve superar a geração *baby boomer*. Da geração Y, 96% já aderiram a uma rede social e 70% da audiência entre 18 e 34 anos têm assistido TV via web. Aproveite essa informação e confirme se ela está certa. Você vai se surpreender com fontes confiáveis chegando a números

> Saiba mais nos capítulos 4 e 5.

divergentes sobre o mesmo assunto. Essa é a realidade da internet, o que complica ainda mais a vida do gestor quando se trata de fazer suas escolhas e medir os resultados dos esforços da CIM.

Virtualidade real

> Experimente a tecnologia em <www.skolsensation.com.br/realidadeaumentada> e veja o filme com um internauta em ação em <www.youtube.com/watch?v=DmAvTNEODQ&feature=related>.

Embora seja uma tecnologia das mais recentes, a realidade aumentada (RA) já tem sido utilizada em campanhas publicitárias por várias marcas. A tendência é que esta ferramenta faça parte, cada vez mais, das estratégias de CIM, à medida que a tecnologia avance e os consumidores atualmente jovens envelheçam e se tornem o principal segmento para as marcas.

A ação de RA pioneira no Brasil foi desenvolvida em março de 2009 dentro do projeto Skol Sensation, um festival de música promovido pela marca de cerveja. Dentro do hotsite, o internauta pode ver os melhores momentos dos shows em 3-D, bastando colocar na frente da *webcam* o anúncio ou postal do festival, ou imprimir o que o site disponibiliza.

A construtora mineira Tenda, pertencente ao Grupo Gafisa e presente em 12 estados brasileiros, disponibiliza em seu site uma experiência em RA chamada "Tenda interativo":[44] ao aproximar da câmera do computador um símbolo impresso em anúncio ou folheto da empresa, efeitos especiais ou imagens tridimensionais aparecem na tela como, por exemplo, a maquete e o interior de um apartamento. O cliente pode ter uma noção bem próxima do real sobre arquitetura, infraestrutura, espaço interior e possibilidades de decoração do imóvel. A construtora já tem 40 anos de mercado e, curiosamente, apesar de focar no segmento econômico de baixa renda, investiu nessa ferramenta ousada como forma de trazer modernidade à sua marca.

> Veja a ação em <www.youtube.com/watch?v=PrwmHnnSXYo&feature=player_embedded> e saiba mais sobre a RA em <www.forumpcs.com.br/coluna.php?b=258579>.

Uma campanha do Ford Ka no Reino Unido usou a RA com celulares. O cliente apontava a câmera do seu celular para o *QR-code* de um *outdoor* e via na telinha o modelo do carro em 3-D. Para isto o celular precisa ter instalado um programa especial para produzir as imagens. Conforme o ângulo em que se apontava o celular para o símbolo, havia uma mensagem secreta direcionando para o endereço <www.gofindit.net/>. Mas isto era apenas uma pequena parte da campanha, pois no filme de TV o consumidor precisava encontrar 80 automóveis Ford Ka escondidos. Para se ter uma ideia da repercussão do ambiente interativo, os internautas compartilhavam as descobertas em chats e blogs, e muitos perguntavam onde podiam fazer *download* da música eletrônica *I am invisible* (traduzindo, *Sou invisível*), que servia de trilha para o filme e depois foi disponibilizada online.

---

[44] Cf. no endereço <www.tenda.com/ra/>.

Numa recente reportagem de Bradshaw e Edgecliffe-Johnson (2009) sobre RA no *Financial Times*, que trazia uma demonstração da tecnologia, Chris Jenkins, da agência responsável por esta ação, disse:

> O setor de marketing será imensamente beneficiado por essa tecnologia, pois os objetos de RA poderão ser combinados com dados do próprio espectador, de modo a criar um anúncio totalmente direcionado a ele. Se hoje os experimentos de RA criam experiências coletivas, no futuro serão experiências perfeitamente customizadas para cada pessoa individualmente.[45]

Tom Bedecarré, diretor-geral da agência digital AKQA, considera que "os engenheiros de software são os novos astros do marketing" — no lugar do papel geralmente atribuído aos diretores de criação e redatores.[46]

O ambiente off=on

As fronteiras entre o mundo virtual e o real parecem estar mesmo se dissolvendo. Um papel com imagem em movimento ou uma camiseta que faz as vezes de um CD musical eram coisas difíceis de imaginar. Mas já estão no mercado graças à ousadia de empresários e gestores de marketing, dentro da tendência que se convencionou chamar de off=on, ou seja, mistura do offline com o online.

Um exemplo é usar ícones do mundo digital, como *pixels*, *QR-codes* ou códigos de barra para estampar tecidos, paredes e utensílios, que podem ou não levar a algum conteúdo digital

---

[45] Fonte: FT.com. Disponível em: <www.ft.com/cms/s/0/92d4daf4-933c-11de-b146-00144feabdc0.html?nclick_check=1#More>.
[46] Ibidem.

quando lidos por *webcams* ou celulares. Foi o caso da Houston Fence, como ficou conhecido, em Nova York, um guarda-corpo na esquina da Broadway com a Houston Avenue, com um padrão de *QR-code*. Sofás, roupas, bijuterias, tudo que a criatividade permitir incorpora os ícones digitais e até plugues de cabos de internet e telefone.

Produtos são lançados exclusivamente online e disponibilizados para que o cliente os customize, como é o caso do jeans Levis Original Spin, do tênis Nike ID ou do automóvel BMW Individual. Outros são criados apenas em versão digital, para uso no Second Life, nos jogos The Sims ou World of Warcraft, permitindo aos avatares disporem de móveis Ikea, de roupas H&M, de organizadores de festas de casamento virtuais, entre outros; ou, ainda, o consumidor cria desenhos online de produtos e estampas que depois são transformados em objetos reais por impressoras em 3-D com corte a laser.

> Para que o leitor veja o vídeo sobre o assunto, basta ir ao <www.youtube.com/results?search_query=cbs+embeds&search_type=&aq=f> e se informar.

No âmbito da CIM, recentemente a emissora de TV norte-americana CBS inseriu um vídeo em um anúncio na revista *Entertainment Weekly*, visando promover a estreia de uma de suas novas temporadas. Tratava-se de uma ação inédita e interessante, que adaptava o conteúdo de um vídeo digital a uma mídia que ainda faz bastante sucesso — a revista impressa.

A tecnologia, conhecida como VIP (*video-in-print*), é composta por uma tela minúscula e fina como papel, inserida na revista entre duas páginas coladas que, por enquanto, tem capacidade para cerca de 40 minutos de filme. Em função de seu alto custo, a nova campanha foi incluída apenas nas edições enviadas aos assinantes de Nova York e Los Angeles. A edição de banca exibiu o mesmo encarte de anúncios da nova temporada, porém sem o vídeo.

Lembrando o mesmo princípio daqueles cartões de aniversário que tocam música, o VIP é acionado por uma bateria recarregável, um mecanismo resistente e durável o suficiente para suportar todos os procedimentos de logística, desde o empacotamento à entrega das revistas nas residências e escritórios. O vídeo é acionado automaticamente assim que o leitor abre o encarte.

Outro exemplo criativo são as camisetas da LNA Clothing, chamadas *music tees* (numa alusão à T-shirt), que trazem estampadas no peito fotos de bandas e artistas, nas costas a lista das músicas do CD, uma etiqueta com um endereço de internet e um código único, através do qual o consumidor pode baixar uma cópia em mp3 de todas as canções, sem sequer precisar do CD físico.

Os bichos de pelúcia da Webkinz trazem uma etiqueta com um código secreto único, que permite acesso ao mundo virtual da marca, onde a criança achará uma versão digital do seu *pet*, um quarto exclusivo que pode decorar ao seu gosto e a loja WShop para comprar mais produtos. A ideia de incorporar

> Saiba mais em <http://trendwatching.com/trends/offon.htm>.

atributos online a produtos do mundo real não tem limites. Mochilas e maletas com painéis solares que carregam a bateria do celular, ou roupas com dispositivos WiFi que permitem ao usuário ouvir músicas ou conectar-se a algum site. Produtos lançados em "beta perpétuo", que evoluem permanentemente a partir dos *feedbacks* dos clientes, como os chocolates da fábrica Tcho, em São Francisco (EUA), vendidos apenas ali ou online. E, finalmente, a tendência do "espelho", onde se procura incorporar ao mundo real a dinâmica do digital, como *layouts* de supermercados mais intuitivos, com endosso de clientes feitos online sobre os produtos exibidos em *displays* na loja.

O mundo off=on cresce em direções inusitadas, e à medida que as gerações mais novas de consumidores, já nascidos na era digital, representem a totalidade do mercado, a busca por esses cruzamentos tende a aumentar.

As marcas tornam-se estúdios

Soluções mais atuais para os anunciantes driblarem o problema da dispersão da audiência nos meios de comunicação tradicionais parecem ser as estratégias de transmídia, ou seja, transformar marcas em contadoras de histórias, com enredos que consigam se desdobrar em múltiplas plataformas. "Esse princípio de múltiplos desdobramentos segue uma lógica de mercado, a de ganhar dinheiro de diferentes maneiras",[47] considera Rogério da Costa, autor do livro *A cultura digital* (Costa, 2002). Efetivamente, a questão do lucro é importante, e as estratégias transmidiáticas, graças à capilaridade dos investimentos, são mais propícias a gerar dinheiro.

> Saiba mais em FT.com. Disponível em <www.ft.com/cms/s/0/92d4daf4-933c-11de-b146-00144feabdc0.html?nclick_check=1#More>.

A iniciativa pioneira nessa área foi o projeto transmídia Bruxa de Blair (The Blair Witch Project). Incluía a criação do mistério, centenas de fóruns de discussão, o relacionamento com os fãs, os filmes virais anteriores ao lançamento e, finalmente, a exibição do filme em si. O projeto desenvolveu toda uma mitologia, onde os limites entre ficção e realidade se embaralhavam, transformando-se numa espécie de lenda urbana, com versões contraditórias e até conspiratórias.

Inicialmente a abordagem transmídia era usada por seriados de TV como *Lost* e *Heroes*, que transbordavam das telas para sites, jogos, música, livros e gibis — a série *Heroes*, por exem-

---

[47] Fonte: <www.estadao.com.br/noticias/tecnologia+link,narrativa-transmidia-vai-alem-da-mera-campanha,1437,0.shtm#>.

plo, levou cada pedaço da história para uma mídia diferente, e tinha um efeito em cada uma das plataformas. Cada trecho era contado naquela que funcionasse melhor. No fim do trabalho, existiam mais de 10 mil páginas criadas com seus conteúdos, representando 25% do tráfego da NBC.com, e um faturamento de US$ 50 milhões. Ainda lançou um carro dentro do enredo, o Nissan Versa. Se, por um lado, os conglomerados de mídia disponibilizam esses conteúdos de cima para baixo, por outro, o público responde de baixo para cima, transformando-os em inserções na Wikipedia, *cosplay*,[48] vídeos, paródias, fã-clubes e outras práticas participativas, que expandem os conteúdos e os levam em outras direções.

As marcas podem desenvolver propriedades intelectuais para seus consumidores, que agora são simultaneamente público, coautores e até parceiros. "Os ativos dos estúdios são talentos, marketing, distribuição e recursos financeiros e físicos. As marcas também dispõem de todos eles", diz Mark Warshaw,[49] roteirista e produtor das séries *Smallville* e *Heroes*. Se olharmos as marcas como ecossistemas, efetivamente elas podem e devem explorar toda a sua capacidade de presença em diferentes ambientes. Mas nenhum desses ambientes isoladamente permitirá compreender o universo da marca; é preciso unir os vários elementos sinergicamente para enxergar o todo. Para Abel Reis, presidente da Agência Click, a transmídia é

> uma rica abordagem de comunicação e entretenimento cuja lógica é a exploração plena das capacidades semióticas próprias que cada mídia apresenta.[...] O que justifica a interligação das mídias é a oportunidade — e naturalmente o retorno esperado

---

[48] Fantasiar-se caracterizado como um personagem de gibi ou videogame.
[49] Fonte: <http://oglobo.globo.com/tecnologia/mat/2009/08/22/produtor-de-heroes-smallville-cita-exemplos-de-narrativa-transmidia-767279888.asp>.

— de mobilizar a atenção e a emoção das pessoas. Afinal, nós humanos adoramos estórias bem-contadas que de preferência agucem nossas fantasias.[50]

(Pretti e Galo, 2009)

No Brasil, a Fábrica de Ideias Cinemáticas (Moonshot Pictures, produtora do seriado *9MM*, exibido pela Fox), a Colmeia (Grupo Ink), a Petrobras e o portal iG já desenvolvem projetos de transmídia que exploram a cultura de convergência entre a mídia tradicional (impressa e eletrônica), projetos educativos para jovens e produções cinematográficas.

Vencedor do concurso Oi Multiplataforma 2008, o seriado independente *Os buchas*[51] esteve, no ano de 2009, programado para ser exibido na TV Oi, partes dos capítulos compondo uma web-série e cada personagem tendo uma microssérie própria para celular — histórias paralelas de um mesmo universo sendo contadas em mídias diferentes —, além de um blog para os internautas compartilharem histórias de cantadas malsucedidas, que inspirariam roteiros das outras temporadas.

Em agosto de 2009 a AmBev iniciou sua campanha transmídia para o Guaraná Antarctica, batizada de "Os guardiões", a partir de uma web-série com 10 episódios de dois minutos, exibidos semanalmente no site do produto, no YouTube, no portal Terra, na TV Terra e no programa *Pânico na TV*, patrocinado pela bebida. O enredo envolve o segredo da fórmula do refrigerante.

Ações complementares em outras mídias sociais buscavam interação com os internautas, contando a história de maneiras diferentes. Os personagens tinham perfis no Flickr e Twitter,

---

[50] Disponível em: <www.estadao.com.br/noticias/tecnologia+link,narrativa-transmidia-vai-alem-da-mera-campanha,1437,0.shtm#>. Acesso em: ago. 2009.
[51] História amorosa e sexual de um grupo de amigos de vinte e poucos anos.

e as pessoas podiam comunicar-se com eles via MSN. Nestes e em outras redes, como Orkut, Facebook, MySpace e Tumblr, os internautas podiam interagir entre si, conversar com os personagens, ajudar a construir a história e proteger a fórmula. A empresa inseriu material extra, como fotos e vídeos, em outros ambientes, e disponibilizou o jogo Cofre Digital, com desafios sobre os mistérios da fórmula secreta. Tudo isso foi apoiado também com comerciais de TV.

A BMW criou, para o seu Mini Cooper, um blog colaborativo chamado "*Update or die*" (traduzindo: atualize ou morra), casado com o *webshow TV Mini*, que mistura *test-drive* com *talk show*, veiculado em cinema, mídia interior e internet.

"Hoje a mídia habita diferentes plataformas com o mesmo conteúdo. Logo todo o conteúdo nessas diferentes plataformas conversará entre si e se completará, tornando-se transmídia", diz Henry Jenkins, criador do conceito.[52] Aquilo que não for transmídia vai-se tornar transmídia nas mãos do público. Os fãs da série *Lost* criaram a Lostpedia, espécie de Wikipedia do seriado, com uma enorme quantidade de informações que os produtores nunca lançaram nem elaboraram.

Cabe lembrar, entretanto, que, para uma marca conseguir navegar por esse universo fragmentado de plataformas de mídia, ela precisa ter um estilo, uma essência e uma linguagem, todos muito coesos e autênticos. Um fractal se replica em milhares de pedaços idênticos ao original, embora de dimensões diferentes — ele, portanto, nunca perde sua identidade.

Tumultos-relâmpago a serviço das marcas

O *flash mob* ou, numa tradução aproximada, tumulto-relâmpago nasceu para ser um movimento apolítico e antico-

---

[52] Fonte: <http://shiftlab.blogspot.com/2009/03/transmidia-e-marcas.html>.

mercial, que aproveita o alcance da internet e do celular para mobilizar uma grande quantidade de pessoas a realizarem voluntariamente uma ação previamente combinada, em determinados dia, hora e local. A ideia é que cada um dissemine a informação por suas redes de relacionamento e compareça ao evento.

Ainda existem muitos *flash mobs* que são propostos por pura diversão. Aqui no Brasil, um exemplo foi o *no pants day* (ou "dia sem calças", inspirado no evento nova-iorquino de mesmo nome), realizado em abril de 2009 no metrô de São Paulo: assim que a porta do vagão fechasse, seus ocupantes deveriam tirar as calças e ficar só de cueca ou calcinha. Nada indecente, apenas uma mobilização divertida, para quebrar a rotina.

> Saiba mais no capítulo 3 e veja o filme da ação em <http://tv.limao.com.br/videos,FLASH-MOB-TIRA-AS-CALCAS-NO-METRO,54974,0.htm>.

Uma outra ação foi a versão brasileira do *world pillow fight day*, em abril de 2009, que reuniu entre 800 e 1.000 pessoas em frente ao obelisco do parque Ibirapuera, em São Paulo, para uma guerra de travesseiros. A ação aconteceu em outras 27 cidades do país. Vesgo e Silvio, do programa *Pânico na TV*, fizeram a cobertura e entraram na brincadeira, tomando várias "travesseiradas" e ampliando ainda mais a divulgação do evento, que se repete todos os anos desde que foi criado. Em agosto foi a vez do "dia do pijama", em que os participantes deveriam comparecer ao metrô vestidos de roupa de dormir e pantufas, e tirar uma soneca de um minuto.

Num tom menos irreverente, o Greenpeace organizou uma mobilização desse tipo em agosto de 2009, em três capitais simultaneamente — São Paulo, Salvador e Rio de Janeiro —, para protestar contra a parceria nuclear entre França e Brasil. Pediu a todos que colocassem uma roupa confortável, para poderem se deitar no chão em locais previamente combinados.

O mundo comercial já percebeu o potencial desse tipo de manifestação para gerar bons filmes virais e mídia espontânea nos veículos oficiais, como jornais e revistas, e também nos blogs, fotologs e sites dedicados ao tema. Uma das ações mais divulgadas na internet foi a campanha que a empresa de celulares T-Mobile realizou na Europa, inspirada em um *flash mob* famoso, que paralisou a Grand Central Station, em Nova York. Preparando previamente

> Veja o *flash* mob da Grand Central Station em <http://improveverywhere.com> e a campanha da T-Mobile na Europa em <http://www.youtube.com/watch?v=VQ3d3KigPQM>

centenas de pessoas comuns para realizarem uma coreografia em vários espaços públicos, esta mobilização teve ares de superprodução, pois foram realizados seleção de participantes, ensaios, distribuição de DVD com os passos para as pessoas treinarem em casa; foram escondidas câmeras em locais estratégicos dos espaços, como a Liverpool Station, em Londres. Pegos de surpresa, os passantes tiraram milhares de fotos e filmaram a ação com seus celulares, material que se espalhou pela internet em blogs, fotologs e por e-mail. A empresa filmou todo o *making of* da mobilização e o evento em si, e postou ambos no YouTube. Além disso, usou extratos desses filmes e produziu um comercial de TV. A quantidade de mídia espontânea nos jornais foi grande, até pela envergadura da ação. E os filmes correram o mundo.

Bem, agora que já embaralhamos sua mente fazendo você "viajar" com essa quantidade de possibilidades curiosas, ousadas e muito criativas, que muito em breve irão expandir as fronteiras da CIM dentro das empresas, vamos colocar os pés de volta no chão. No próximo capítulo, iremos explorar alguns casos de combinação das ferramentas e atividades de CIM, não tão vanguardistas nem tão tecnológicos, mas bem-sucedidos e realizados por marcas brasileiras.

7

Orgulho nacional: casos brasileiros

Neste capítulo apresentaremos alguns casos brasileiros que ilustram o uso das diversas ferramentas e conceitos abordados até agora — empresas que demonstram terem compreendido de fato o novo contexto da comunicação, com um trabalho bem-sucedido de integração dessas ferramentas aos seus esforços de marketing. Começamos com um caso de *branding* (Natura), depois um processo de relacionamento e interatividade que mudou a cultura de todo um setor (Tecnisa), mostramos que negócios de pequeno porte podem lançar mão da comunicação para crescer (Noronha Advogados), que quem ambiciona ser global precisa ousar e integrar um grande conjunto de esforços (Petrobras) e é sempre possível inovar, ampliando as fronteiras da sua comunicação (TV Globo). Esperamos, assim, tangibilizar tudo o que foi mencionado neste livro.

Natura Cosméticos: quando uma marca se transforma numa causa

"Toda pessoa tem um potencial de beleza dentro de si". Esta é a crença que originou, em 1992, a campanha "Mulher bonita de verdade", da Natura, uma das marcas mais valiosas e admiradas do Brasil, em vias de se tornar global. Desde sua fundação, em 1969, a Natura se ergueu sobre uma coleção de convicções que chama de "crenças", que inspiram cada produto do portfólio e suas estratégias de marketing e comunicação. Cosméticos como um meio para o autoconhecimento e a autoestima. Até mesmo o canal de distribuição — exclusivamente por venda pessoal direta — foi uma decisão coerente com a crença num mundo feito de relacionamentos, onde tudo é interdependente.

O jogo de palavras do *slogan* "Bem estar bem" basicamente sintetiza a ideia de que quando você se sente bem espalha bem-estar ao seu redor, fazendo um mundo melhor. Nos relatórios anuais, é possível encontrar expressões como "potencial de beleza", "aspirações da alma", "relacionamento harmonioso", "busca da verdade" e "contra estereótipos e padrões de beleza", um discurso de tom quase religioso.

As 700 mil consultoras (como são chamadas suas vendedoras) agem como ativistas defendendo uma causa apaixonadamente, disseminando as crenças da empresa — com o efeito colateral desejável de trazer receita, aumentar o valor da marca e a lealdade do consumidor. Como explicar que o creme de tratamento Chronos, com um preço médio de R$ 80,00, possa penetrar nas classes C/D, às vezes entregue por canoa no rio Amazonas, num país onde o salário mínimo está em torno de R$ 450,00? Essas clientes não estão apenas comprando um cosmético, mas o pertencimento à comunidade das "mulheres bonitas de verdade".

A Natura tem um processo muito peculiar para desenvolver produtos, mais semelhante a um grupo de discussão filosófico, debatendo temas como intuição, fractais, a relação do homem com a beleza e o envelhecimento ou a importância do toque para um ser humano saudável. A gerência da marca ajuda a desenvolver a linguagem, os conteúdos, a estética e os pontos de vista em vários assuntos. Primeiramente todos os produtos têm que defender genuinamente alguma das crenças. Por exemplo, a linha básica Todo Dia — sabonetes, xampus e hidratantes — procura acordar as pessoas que levam sua vida cotidiana anestesiadas, e reconectá-las com seu corpo através de uma experiência sensorial forte (textura, aroma, cor, formato da embalagem). Como é uma linha de grande volume e baixo preço, deve conter, mais do que qualquer outra, preocupações ambientais. A linha de maquiagem Diversa defende a causa de que as mulheres devem usá-la para expressar sua personalidade e estado de espírito, em lugar de mascararem-se como vítimas da moda. A linha Natura Homem é dirigida a um homem em transição, que recusa o papel ultrapassado de provedor e consumidor de mulheres, e busca qualidade de vida, expressão de seus sentimentos, potencial de amor e respeito. Não importa se um produto é campeão de vendas, *premium* ou básico — ele vai para a mídia de massa se construir valor para a marca e for um defensor legítimo de uma das crenças. Os anúncios não usam modelos, mas consumidores de fato, declarando seus nomes, idade, experiências reais, em fotos espontâneas e sem retoques em Photoshop.

Em 1999 tudo parecia bem — a Natura havia sido escolhida "empresa do ano" pela revista *Exame* na seção "Maiores e melhores", sua receita anual atingiu US$ 100 milhões e os executivos começaram a planejar a abertura de capital, assim como uma maior expansão internacional, primeiro na América Latina, depois México e Estados Unidos. Uma butique sofisticada foi aberta em Paris e uma nova fábrica estado da arte foi construída para dar conta do crescimento da empresa. O "Espaço Natura", como foi batizado, também funciona como um centro de visitantes, com um bem-estruturado programa que recebe em média 2 mil pessoas/mês, fortalecendo os relacionamentos e lealdade à marca, tão caros à empresa. O *briefing* dos arquitetos solicitava que a fábrica fosse bastante acessível, o que foi obtido através de corredores suspensos com sinalização descrevendo cada parte da linha de produção, lindos jardins e grandes áreas para eventos e palestras.

Porém, quando se colocava todos os produtos juntos numa gôndola, eles não pareciam pertencer ao mesmo fabricante e uma reavaliação do *branding* da empresa era urgente. A Interbrand, de Londres, foi contratada e desenvolveu um extenso trabalho que incluiu muitas entrevistas com colaboradores, clientes e consultoras sobre as imagens presente e idealizada da Natura. Ela era percebida como clássica, elegante, ativa, atual, intelectual, madura, equilibrada, corajosa, sofisticada, com altos padrões e respeito pela natureza. Mas isso não correspondia às rápidas transformações em curso, com um novo produto sendo lançado a cada três dias. Faltava frescor, alegria; era muito pesada e séria.

Figura 5
EVOLUÇÃO DAS LOGOMARCAS DA NATURA COSMÉTICOS

Fonte: <www.chmkt.com.br/2009/03/evolucao-das-marcas-parte-4.html>. Acesso em: 4 ago. 2009.

A nova marca comunicou quatro valores essenciais: humanismo, equilíbrio, transparência e criatividade. Uma companhia que é simples, porém tecnológica, preocupada com os clientes e a diversidade do povo brasileiro; que cumpre suas promessas e é ecoamigável. Uma grande mudança na cartucharia incluiu caixas recicladas/recicláveis, rótulos em braile, bulas, refis e, mais recentemente, uma tabela com informações sobre a sustentabilidade do produto. Os 80 pontos de contato mais expressivos com diferentes *stakeholders* foram mapeados e preparados para fornecer uma autêntica "experiência Natura", como, por exemplo, o momento mágico em que a consultora recebe a caixa com os produtos em casa, com seu aroma luxuriante e um folheto que comunica os valores da marca.

Duas importantes linhas de produto vão ajudar a Natura a ganhar presença nos mercados internacionais, seu grande desafio hoje: Ekos (2000) e Amor América (2008), respectivamente usando a complexa e rica biodiversidade do Brasil e da América do Sul, com extração sustentável que preserva e difunde a herança natural e cultural do continente. A força da marca ainda permitiu que expandissem para alimentos funcionais (sopas, barras de cereal e chás), perfeitamente em sintonia com a filosofia "bem estar bem".

A empresa de US$ 1,7 bilhão sem dúvida pertence a uma estirpe de marcas como Aveda e Body Shop, mas parece ter levado seus conceitos contemporâneos ainda mais longe e mais a fundo. Agora é aguardar para ver até que ponto as crenças farão sentido em outros ambientes culturais, serão universais o suficiente para tocar corações e mentes, construir lealdade, familiaridade e atrair seguidores para o movimento Natura em outros países.

Tecnisa: mais interatividade por m²

Muito embora as estratégias de venda de imóveis tenham sempre sido planejadas e executadas com o auxílio de propaganda, panfletagem, *stands* bem-montados, maquetes e corretores treinados, a construtora paulista Tecnisa elevou o patamar do setor para outro nível, mudando sua cultura e tornando-se um *benchmark*[53] no ramo imobiliário. Com o *slogan* "Mais construtora por m^2" ela iniciou, em 2001, um programa de relacionamento sem precedentes com os clientes, verdadeiro exemplo de sedução, transparência e interatividade. Esse programa consiste, entre outras coisas, de 42 pontos de contato ao longo dos dois anos de obra, demonstrando uma compreensão muito boa das ansiedades que vivem os compradores até a entrega das chaves.

Foi criada uma personagem fictícia, Patrícia Guimarães, que assina todas as correspondências enviadas aos clientes. Na aprovação do crédito o comprador recebe em casa um *kit* com champanhe, taças e trufas, acompanhado de uma carta de parabéns celebrando o momento especial. Pouco tempo depois chega a "pasta do proprietário", para guardar documentos do imóvel e uma caneta personalizada. Ao iniciar as obras, a Tecnisa sinaliza sua disponibilidade para receber visitas no canteiro através do envio simbólico de luvas de pedreiro e uma carta. No local da obra, os engenheiros são treinados para receber os futuros moradores que aparecem para dar uma olhada. Todo mês a empresa proativamente informa o status da construção, que também pode ser acompanhado via site, onde o cliente é reconhecido pelo nome em áudio e vídeo. Na hora de escolher a planta customizada do imóvel — *personal* Tecnisa —, o cliente agenda uma reunião com os arquitetos e é recebido com uma placa de boas-vindas nominal na recepção.

Um ano antes da entrega do imóvel, os futuros moradores e seus familiares são convidados para um *brunch* no local da obra, numa sala especialmente preparada, onde os engenheiros

---

[53] Empresa referência, modelo que é copiado.

esclarecem todas as dúvidas e mostram o andamento da construção. Três meses antes da entrega, é enviado um "Guia de orientação", com informações sobre financiamento, garantias, vistoria e respostas às perguntas mais frequentes dos clientes. Próximo à entrega das chaves, o mimo é uma caixa com régua, bloco, trena, caneta e lapiseira, sinalizando que já pode trazer seu decorador ou outro prestador de serviço para adiantar as providências do futuro lar.

Os vizinhos não foram esquecidos, já que toda obra causa transtornos, como sujeira e barulho. Como política de boa vizinhança, a Tecnisa distribui uma xícara a todos (simbolizando sua preocupação e abertura), um informativo sobre os horários da obra — que inicia uma hora mais tarde para incomodar menos —, e dispõe de um e-mail especial para reclamações.

O portal da Tecnisa na internet, reformulado em 2006, evidencia de modo chamativo a disponibilidade de corretores todos os dias da semana, até meia-noite, através de vários canais à escolha do cliente: online, e-mail, videoatendimento ou telefone. Em 2000 foi a primeira construtora a realizar a venda de um empreendimento pela internet e, em maio de 2009, vendeu um apartamento de R$ 500 mil pelo Twitter, onde acumula mais de 500 seguidores num perfil criado em fevereiro de 2008. Essa venda foi notável, resultado de uma promoção no Twitter, Facebook e Linkedin, na qual propunha: "Para você, usuário de redes sociais, a Tecnisa preparou uma vantagem exclusiva".[54] O cliente escolhia um empreendimento de interesse e ganhava um vale-compras de R$ 2 mil, armários de cozinha e de quarto grátis, além de parcelas de pagamento fixas na compra do imóvel. Deu certo.

---

[54] Veja detalhes da ação em <www.tecnisa.com.br/arquivos/trabalhosacademicos/CaseTecnisa_Tecnisa_Twitter.pdf>.

A Tecnisa enxerga o espaço digital como vantagem competitiva e investe na web 2.0 com uma conversa continuada. Em 2006 criou um blog corporativo, que inicialmente não era moderado, o que lhe criou alguns desafios. Foi reconhecida pelo Google como a empresa imobiliária que tem as melhores práticas de links patrocinados do mundo.

> Cria *posts* no blog aliados à compra de palavras-chave em buscadores. Exemplo: o *post* Mais Maquiavel e menos Porter, sobre a importância da literatura clássica ao invés dos livros de gestão da moda, comprou as palavras "Maquiavel", "o príncipe" e outras relacionadas ao tema, gerando 80 mil procuras no Google, e 2 mil internautas foram para o blog corporativo. Custo da ação: R$ 100,00. Saiba mais em <www.tecnisa.com.br/arquivos/trabalhosacademicos/Master_Imobiliario_Case_Web_20_Tecnisa.pdf>.

Também está presente em vários canais digitais, como YouTube, Second Life, Google Maps, Flickr, SlideShare, Facebook, Twitter e Wikipedia. Ainda fornece aplicativo para iPhone, o *widget* "Viva a vida em um Tecnisa", que pode ser adicionado a páginas pessoais e vários *podcasts* e vídeos com testemunhais de clientes e dirigentes da empresa, além de casos acadêmicos para *download*.

> Saiba mais em </www.tecnisa.com.br/institucional-trabalhos-academicos.html>.

O resultado dessa ampla e moderna plataforma de comunicação é o reconhecimento dos clientes e profissionais de mídia, traduzido por prêmios, como "Excelência em Serviços ao Cliente", de 2004 a 2009 (revista *Consumidor Moderno*), uma das "Empresas mais Admiradas do País", em 2007 (*Carta Capital/Interscience*). Foi vencedora na categoria "Sites corporativos e de marcas", com o caso "Tecnisa 2.0" (2008) e eleita como referência nas categorias "Projetos especiais — networking" e "Search engine marketing" (2007), todos da Abanet, além do Prêmio B2B na categoria "Melhores práticas e estratégias web e tecnologia da informação" em 2007 (revista *B2B*).

Para finalizar, a própria declaração da empresa:

> No futuro, empresas pioneiras como a TECNISA vão se beneficiar de terem desbravado esse caminho. Atualmente, elas já

contam com diferencial competitivo frente à concorrência por terem assumido riscos, prestarem um bom serviço em algo tão inovador e garantirem a multiplicidade de canais de contato e distribuição de informação e características da marca. O melhor é que o custo de manutenção e o investimento em tanta novidade são quase irrelevantes. Em contrapartida, os ganhos — apesar de no primeiro momento se concentrarem em ativos intangíveis — são monumentais.[55]

Noronha Advogados: com elegância e relevância, o pequeno cresce e aparece

Frequentemente se tem a falsa impressão de que estratégias bem-estruturadas de marketing e comunicação são para empresas grandes. Quando se fala de pequenas empresas ou profissionais liberais, as ferramentas parecem estar inacessíveis ou não funcionar. O caso da Noronha Advogados é prova em contrário. Fundado em 1978, esse escritório de advocacia é um primor de alta exposição no mercado. Na falta de outro critério mais sofisticado, além do tempo de existência da firma e sua presença em 10 cidades (sendo seis no exterior, inclusive China), uma rápida busca no Google vai resultar em mais de 90.500 citações a seu respeito.

Para começar, a empresa é dona de sua própria editora, a Observador Legal, fundada em 1987, que publica diversos títulos jurídicos no Brasil e no exterior, de autoria de seus sócios e diretores, entre outros. A biblioteca do escritório, com mais de 8 mil títulos entre livros, periódicos, CD-ROMs e até *clippings*, é indexada por mecanismos de busca e acessível a profissionais

---

[55] Fonte: <www.tecnisa.com.br/arquivos/trabalhosacademicos/Master_Imobiliario_Case_Web_20_Tecnisa.pdf>.

para pesquisas, empréstimo de material, compra de títulos online. A equipe do escritório, a começar pelo próprio Noronha, é participante intensiva de palestras, debates e seminários (só no segundo semestre de 1999 os sócios proferiram mais de 30 palestras no exterior) e produtora de artigos, entrevistas e livros, além do boletim *Observador Legal*. Os livros incluem guias legais de investimentos no Brasil, traduzidos em vários idiomas, coletâneas de ensaios e assuntos pioneiros, como direito da internet e comércio eletrônico, e até o primeiro *Dicionário mandarin PinYin*, que traz mais de 3.500 verbetes em português, inglês e chinês, fundamentais para as relações empresariais e jurídicas internacionais. O escritório se preocupa em traduzir legislações diversas e preparar estudos para ajudar na formulação de novas leis. Seus titulares são, ainda, membros ativos de diversas entidades de classe, como a Câmara e-Net — principal entidade multissetorial da economia digital no Brasil, voltada ao comércio eletrônico —, e de várias câmaras de comércio. Nessa linha, estruturaram um programa de apoio a missões comerciais estrangeiras, muitas vezes em parceria com os respectivos consulados, onde recepcionam empresários e estudantes de pós-graduação no escritório da empresa, apresentam um bem-produzido *powerpoint* sobre o mercado, a política, a economia e a regulação nacional — sempre com a presença de sócios seniores —, oferecem livros como brinde e um coquetel com quitutes e drinques típicos brasileiros.

Para celebrar os 500 anos do Descobrimento do Brasil, a empresa disponibilizou no seu site uma mostra virtual de todo o acervo de obras de arte espalhado por seus escritórios ao redor do mundo, coleção que se iniciou em 1978 e tem peças da iconografia brasileira — quadros, documentos históricos e cartográficos —, algumas do período anterior ao Império.

Além disso investe em assessoria de imprensa, tanto no Brasil quanto nos eventos dos quais participa no exterior. O resultado é palpável: 30 anos depois a Noronha Advogados é um escritório global de advocacia. Seu crescimento se deu tanto pela *expertise* do corpo de profissionais como pelo trabalho consistente de exposição da empresa e sua produção intelectual em todos os meios relevantes e eticamente viáveis para o ambiente jurídico — congressos, entidades de classe e de ensino, e a mídia — própria ou especializada —, compartilhando conhecimento e, com isso, tornando-se referência no mercado.

Petrobras: alta exposição para uma empresa que quer ser global

Poucas empresas brasileiras podem se dizer globais, especialmente aquelas voltadas para o mercado B2C.[56] Buscando uma visibilidade internacional que posicionasse a marca como referência mundial em tecnologia, uma empresa ambientalmente comprometida e inovadora, a Petrobras investiu R$ 5,8 milhões no projeto Speed Racer — uma parceria cinematográfica,[57] por meio de uma mega-ação integrada que utilizou o lançamento do filme nos cinemas do Brasil e mais 22 países na Ásia, África, Europa e Américas, em 2008.[58]

Aproveitando sua relação de longa data com esportes motores, e baseada nos conceitos de alta tecnologia, combustíveis de alto desempenho, empresa verde, juventude, agilidade e visão de futuro, o projeto consistiu de uma parceria com a Warner Bros Pictures em que se desenvolveu uma ação de inserção de produto com a presença da empresa/marca nos cenários, cenas e

---

[56] *Business-to-consumer*, ou seja, empresas que vendem para clientes pessoas físicas.
[57] Veja o filme-resumo do projeto em <www.youtube.com/watch?v=o1VgfuRCR1Q&feature=fvw>.
[58] Hong Kong, Tailândia, Coreia, Malásia, Taiwan, Israel, Estados Unidos, México, Panamá, Equador, Peru, Uruguai, Argentina, Bolívia, Chile, Colômbia, Venezuela, Itália, Espanha, Inglaterra, Alemanha, Holanda.

diversos momentos do filme. Para isso, foi criada uma escuderia e o carro Petrobras Green Energy, que participava da corrida competindo com o Mach 5 de *Speed Racer*. Além da menção ao biocombustível — maior bandeira ecológica da empresa no exterior —, a Petrobras exigiu que a marca não fosse vilanizada nem associada a prejuízos ambientais. A promoção ocorreu de maio a dezembro de 2008, com atividades antes, durante e após o lançamento do filme.

Veja agora a amplitude e a criatividade das ações integradas.

❏ Filme — *Trailer* do filme *Speed Racer*, comercial de 30 segundos[59] veiculado em seis praças no Brasil — São Paulo, Rio de Janeiro, Belo Horizonte, Porto Alegre, Curitiba e Brasília.
❏ Assessoria de imprensa — Divulgação na mídia sobre todas as ações (inserção de produto no filme e promoções).
❏ Mídia colateral — *Posters* do filme, em três versões, em países na América Latina, em Hong Kong e na Turquia; nove versões de mídia exterior com desenhos arrojados nas capitais de diversos países;[60] adesivos de piso nos *halls* dos cinemas em diversos lugares do mundo.
❏ Mídia digital — Site do filme, produzido em diversos idiomas, usado como ferramenta de relacionamento, pois a necessidade de cadastramento dos clientes para participar das atividades promocionais gerava tráfego para ele. Descanso de tela do Petrobras Green Energy disponível para *download*.
❏ Promoção *cards* premiados — A cada 25 litros de gasolina ou 35 litros de diesel abastecido nos postos BR em sete ca-

---

[59] Disponível em <www.youtube.com/watch?v=js1aFRFyJXI&feature=related>.
[60] América Latina (Brasil, México, Argentina, Equador, Peru, Uruguai,Venezuela, Panamá, Bolívia, Chile e Colômbia), Ásia (Coreia, Malásia, Hong Kong, Taiwan e Tailândia), Estados Unidos (Nova York e Los Angeles), Europa (Itália, Espanha, Inglaterra, Alemanha, Holanda) e Israel.

pitais brasileiras, o cliente ganhava um pacote do jogo com sete *cards* colecionáveis e um cupom com código *pin* para se cadastrar no site e participar de sorteio de 11 prêmios especiais — cinco *notebooks*, cinco videogames Nintendo Wii contendo o jogo Speed Racer e uma viagem a Los Angeles, para conhecer os estúdios da Warner Bros — com informes diários sobre os prêmios já distribuídos. Vários *cards* premiados davam direito a mais de 10 mil prêmios instantâneos através de vale-brindes, como miniaturas do Mach 5, copos, canecas e quebra-cabeças, obtendo mais mobilidade para a promoção e mantendo o interesse dos consumidores alto, porque havia gratificação imediata e não apenas ao final da ação. Os 10 milhões de *cards* foram divididos em quatro pacotes e as imagens foram renovadas em quatro lotes distribuídos entre 6 de maio e 14 de junho de 2008, fazendo com que sempre houvesse uma novidade no ponto de venda e a promoção não perdesse o dinamismo.

❏ Material promocional — Foram distribuídos copões e baldes de pipoca com a temática do filme nos cinemas, comercializados diversos itens licenciados do filme ao redor do mundo, como DVD e videogame Speed Racer, conseguindo ampla divulgação por parte dos distribuidores e uso em concursos e sorteios. Apoiando a promoção dos *cards*, a rede de postos BR tinha faixas, testeiras nos topos de bomba e frentistas uniformizados com coletes alusivos; mídia em mobiliário urbano trazia uma peça chamativa em pontos estratégicos de várias capitais brasileiras: uma mão gigante segurando os diferentes *cards*, estimulando o desejo de colecioná-los.

❏ Eventos — Aproveitamento do patrocínio em diversos eventos como ProXXIma (seminário do *trade* publicitário sobre tendências do mercado), Abril Pro Rock (festival independente de rock), Anima Mundi (maior festival de animação do mundo),

Mada (festival internacional de música) e corrida de *stock cars* em São Paulo.

❑ Apresentação itinerante — Criação de um protótipo real do carro Petrobras Green Energy a partir do desenho animado, que circulou pelas ruas de várias cidades, fez aparições em eventos e gerou várias matérias de mídia espontânea.

❑ Concursos culturais — Foram realizadas duas ações para estimular a imaginação dos consumidores em relação ao carro Petrobras Green Energy e a tecnologia futurista, por meio de mídia digital (o site de entretenimento Omelete) e mídia impressa (a revista *Superinteressante*). No site Omelete, o participante postava uma frase criativa respondendo a pergunta: "Se você fosse equipar o Petrobras Green Energy, que *gadget* usaria e por quê?". As dez frases eleitas ganharam um capacete de autoria do famoso pintor automotivo Sid Mosca,[61] *posters* autografados pelos artistas do filme, canecas e copões. Na *Superinteressante* o participante acessava um hotsite e respondia a pergunta "O que você faria para pilotar uma máquina do futuro?", concorrendo ao sorteio de um Nintendo Wii com o jogo Speed Racer.

> Construído em cima de um chassi de um Fórmula Ford, o Petrobras Green Energy foi considerado pela imprensa um caso de virtualidade real, pois era o único carro do filme, além do Mach 5, a existir de fato fora das telas, o que foi plenamente aproveitado pela Petrobras num *road show* pelo Brasil, em eventos e aparições na mídia, inclusive corrida de *stock cars* em Interlagos/SP. Veja a construção do carro em <www.youtube.com/watch?v=rq3a91lBTsU>.

❑ Pré-venda do DVD — Quem fizesse a pré-compra ou adquirisse o filme por meio de sites parceiros de venda online (como Submarino e Videolar) ganhava um *kit* de *cards*. Também foram encartados adesivos promocionais nos DVDs como brinde da Petrobras e da Warner.

---

[61] Que teve como clientes os pilotos de Fórmula 1 Ayrton Senna e Michael Schumacher.

Os resultados do esforço foram palpáveis. Muito embora não se possa atribuir os ganhos institucionais isoladamente a essa ação — já que a empresa teve várias outras iniciativas ao longo do ano — a Petrobras ganhou o Top of Mind das marcas de combustível e foi eleita a melhor nas categorias "Óleo lubrificante" e "Posto de combustíveis" da revista *Quatro Rodas*. Especificamente em relação ao projeto Speed Racer, a promoção dos *cards* aumentou o faturamento nos postos participantes em 8,21% e teve um índice de retenção de 35% (pessoas que cadastraram o código *pin* no site) — um recorde na história promocional da empresa e também um resultado excepcional para qualquer promoção deste tipo. Mais 117.900 consumidores se cadastraram no hotsite e participaram do sorteio dos grandes prêmios. Os *cards* se tornaram itens disputados por colecionadores, vendidos em sites como Mercado Livre. Os concursos culturais realizados no Omelete e na *Superinteressante* também apresentaram excelentes resultados: 1.224 participantes cadastrados no site e 1.518 na revista.

Somente na mídia impressa a empresa angariou o equivalente a quase R$ 1,5 milhão em menções espontâneas, com quase 9,7 milhões de leitores; na mídia eletrônica o equivalente a R$ 600 mil de espaço publicitário, sem contar os vários vídeos postados em blogs e no YouTube. O projeto ainda ganhou vários prêmios importantes no Brasil, como o Maximidia 2008 da revista *Meio & Mensagem* e o Colunistas Promo 2009 (categoria "Marketing promocional").

A Petrobras atingiu plenamente seus objetivos: obteve uma excelente visibilidade internacional, reforçando os valores desejados de empresa que domina tecnologia de ponta e marca que investe em biocombustíveis, portanto sintonizada com questões ambientais de extrema relevância no contexto do aquecimento global.

TV Globo: a construção colaborativa de uma linguagem multimídia

Uma emissora de TV aberta já tem nos dias de hoje o imenso desafio de concorrer com outras mídias mais interativas — pelo menos enquanto não chega a TV digital convergente com o computador — e, ainda assim, manter-se inovadora, ousada e comprometida com a cultura e a educação. Construir a reputação da emissora junto a uma geração desconectada da mídia televisiva tradicional e fazer isso resgatando um clássico de Machado de Assis parece estranho, mas foi exatamente o que a TV Globo conseguiu ao trazer para as telas a minissérie *Capitu* e para a internet o projeto Mil Casmurros, ganhador do Leão de Relações Públicas no Festival de Cannes 2009 na categoria "Melhor uso da internet, mídia digital e social", ao transformar a obra literária em uma rede social.

> Veja o filme do projeto em <www.brainstorm9.com.br/2009/06/21/cannes-lions-2009-mil-casmurros-video-case> e o descritivo do caso no festival em <http://work.canneslions.com/pr/?award=27>.

A adaptação do livro *Capitu* para a TV tinha uma linguagem cênica e musical arrojada e anárquica, que surpreendeu o público e o estimulou a entrar em contato com a obra original. Porém a Globo, em conjunto com a agência LiveAD, havia preparado uma campanha de lançamento interativa, através de um site onde se propunha que 1.000 pessoas gravassem e postassem vídeos lendo trechos do livro, em conjunto com alguns artistas da própria emissora, num processo de leitura colaborativa. As páginas iam sendo virtualmente viradas à medida que novos trechos eram gravados, todos disponibilizados online no site <www.milcasmurros.com.br> e o trecho número 1.000 foi postado no dia da estreia da minissérie. Alguns trechos representaram desafios, porque continham expressões da época que eram difíceis de pronunciar, e a Globo aproveitou para explorar essas situações através do Twitter, como ilustrado na figura 6.

Figura 6

UM EXEMPLO DE DESAFIO, REFERINDO-SE À QUANTIA 1.070$000, CUJA RESPOSTA FOI DADA NO BLOG DO SITE

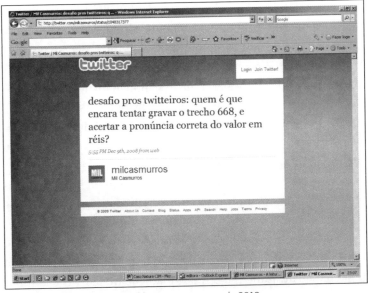

Fonte: <www.milcasmurros.com/blog>. Acesso em: maio 2010.

Os capítulos da minissérie eram disponibilizados no dia seguinte parcialmente (por causa de direitos autorais) no site Globo.com, mas ainda durante a própria exibição os internautas divertiam-se tentando identificar os trechos que haviam gravado e as frases originais da obra mantidas na versão da TV, e iam postando suas reações e comentários no Twitter, ampliando ainda mais o alcance do projeto.

Inspirados na iniciativa BookCrossing,[62] foi criado um DVD com cenas inéditas da minissérie, em cuja capa se lia "pegue e passe adiante", que era deixado em locais públicos

---

[62] Ver <http://bookcrossing.com>.

por todo o país e sugeria-se que a pessoa, após assistir, deixasse o DVD em outro local para que outra pessoa pudesse assistir também e postasse seus comentários no site do programa.

A iniciativa gerou algo em torno de US$ 6,7 milhões em mídia espontânea e 49.600 menções no Google, já que literatura havia se tornado um tópico interessante de conversa na web. Estima-se que 106 milhões de pessoas tenham sido expostas ao projeto e 33 milhões tenham assistido ao primeiro episódio da minissérie.[63] Sem contar o pioneirismo: a TV Globo ficou conhecida por realizar a primeira experiência de leitura coletiva online de que se tem notícia, experiência esta que acabou premiada internacionalmente.

Os casos apresentados, independentemente do porte das empresas, demonstram que com criatividade, consistência e respeito ao posicionamento da marca a escolha do que fazer em CIM é realmente flexível e não segue uma fórmula única. Obviamente que quanto mais verba a empresa possuir, mais ela terá chance de aumentar a quantidade de iniciativas e ampliar seu alcance. Esperamos, porém, ter conseguido mostrar que ideias inovadoras e eficazes não precisam necessariamente ser caras. Há oportunidades para todos, especialmente se o gestor levar em conta as várias reflexões que levantamos nos capítulos 2 e 5.

---

[63] Fonte: <http://work.canneslions.com/pr/?award=27#>.

Conclusão

Esperamos que você, leitor, chegue ao final deste livro convencido da importância e benefícios do exercício e prática da visão estratégica na aplicação da comunicação integrada de marketing. À luz das diferentes teorias, conceitos, ferramentas e técnicas, esperamos que um gestor transforme todos os pontos de contato da empresa com seus públicos em oportunidades concretas de comunicação, assim construindo marcas fortes e obtendo excelentes resultados em vendas. Mais do que uma receita de bolo, procuramos revelar os horizontes possíveis e instigar a curiosidade e o raciocínio estratégico. Afinal, a comunicação e o marketing, sendo ciências sociais, lidam com pessoas e seus desejos, sonhos, mudanças de comportamento, irracionalidades e complexidades de relacionamento, especialmente quando se observa o contexto atual, com mídias digitais, alta interatividade, perda de controle e processos não lineares. O mundo empresarial nos mostra, a todo momento, histórias de organizações que adotaram estilos gerenciais e estratégias diferentes, e igualmente alcançaram o sucesso. Por isso, dedicamos um capítulo inteiro a provocá-lo, a pensar, apresentando situações mais amplas sem fechar em uma solução final única.

Foi nossa proposta permitir que você, leitor, possa fruir a obra com mais liberdade, criando seu próprio ritmo. A ideia foi reproduzir um pouco do ambiente da comunicação empresarial atual. Mosaicos, fractais, redes, teias, convergência tecnológica, conversas múltiplas e simultâneas, caos auto-organizado, estruturas colaborativas — é com isso que o gestor precisa lidar no mundo atual. Quem sabe um dia este próprio livro será digital e poderemos levar ainda mais longe esta proposta? Enquanto isso, com o compromisso de sermos interativos, disponibilizamos em "Os autores", nossos e-mails, blogs e perfis em redes sociais para quem quiser mandar comentários e sugestões para as próximas edições. Afinal, desejamos praticar o que recomendamos!

Referências

AAKER, David A. *Marcas* — Brand equity: gerenciando o valor da marca. São Paulo: Negócio, 1998.

BAUMAN, Zigmunt. *Vida líquida*. Rio de Janeiro: Jorge Zahar, 2007.

BITTENCOURT, Rafael. Transmídia e marcas. *Shift Blog*. Disponível em: <http://shiftlab.blogspot.com/2009/03/transmidia-e-marcas.html>. Acesso em: 29 ago. 2009.

BOOK CROSSING. Disponível em: <http://bookcrossing.com>.

BRADSHAW, Tim; EDGECLIFFE-JOHNSON, Andrew. Out of the box. *FT.com*, 27 ago. 2009. Disponível em: <www.ft.com/cms/s/0/92d4daf4-933c-11de-b146-00144feabdc0.html?nclick_check=1#More>. Acesso em: maio 2009.

BRASIL. Secretaria de Educação Fundamental. *Parâmetros curriculares nacionais:* terceiro e quarto ciclos — apresentação dos temas Brasília: MEC/SEF, 1998. Disponível em: <http://portal.mec.gov.br/seb/arquivos/pdf/ttransversais.pdf>. Acesso em: 15 jul. 2009.

CANNES LIONS 2009. *One thousand Casmurros*. Disponível em: <www.brainstorm9.com.br/diversos/cannes-lions-2009-mil-casmurros-video-case>. Acesso em: ago. 2010.

CASTANHEIRA, Joaquim. Marcas com todo o gás. *Isto É – Dinheiro*, n. 503, 16 maio 2007. Disponível em: <www.slideshare.net/patsario/brand-analytics>. Acesso em: 10 out. 2009.

CASTRO, Ricardo de; LANDIM, Christiane. *Análise e planejamento de marketing*. Rio de Janeiro: Centro de Cultura Anglo Americano, 2007.

CHIAVENATO, Idalberto; SAPIRO, Arão. *Planejamento estratégico*: fundamentos e aplicações. Rio de Janeiro: Elsevier, 2003.

CHURCHILL, Gilbert A. Jr.; PETER, J. Paul. M*arketing*: criando valor para os clientes. São Paulo: Saraiva, 2003.

COMUNIDADE SEGURA. *Disque-Denúncia: a arma do cidadão*. Entrevista com Luciane Patrício, 30 ago. 2006. Disponível em: <www.comunidadesegura.org/pt-br/node/30127>. Acesso em: 8 jul. 2009.

COSTA, Antônio Roque; TALARICO, Edison de Gomes. *Marketing promocional*: descobrindo os segredos do mercado. São Paulo: Atlas, 1996.

COSTA, Rogério da. *A cultura digital*. São Paulo: Publifolha, 2002.

COUTINHO, Marcelo. Capital social e marca digital. As empresas já estão na blogosfera, com ou sem estratégia para tanto. *Ibope Inteligência/Notícias*, 25 set. 2008a. Disponível em: <www.ibope.com.br/calandraWeb/servlet/CalandraRedirect?temp=5&proj=PortalIBOPE&pub=T&db=caldb&comp=Notícias&docid=7E7AA880823A3F09832574CF0049A6AB>. Acesso em: 3 abr. 2009. Artigo publicado no site IDG Now em 22 set. 2008.

_____. Eleições 2.0 — O uso das ferramentas da web 2.0 nas eleições americanas. *Ibope Inteligência/Notícias*, 4 nov. 2008b. Disponível em <www.ibope.com.br/calandraWeb/servlet/CalandraRedirect?temp=5&proj=PortalIBOPE&pub=T&db=caldb&comp=Notícias&docid=943692A2FA5B9048832574F70062A2E3>. Acesso em: 5 jun. 2009. Artigo publicado no site IDG Now em 4 nov. 2008.

_____. A web brasileira em 2009. *Ibope Inteligência/Notícias*, 28 nov. 2008c. Disponível em: <www.ibope.com.br/calandraWeb/servlet/CalandraRedirect?temp=5&proj=PortalIBOPE&pub=T&db=caldb&

comp=Notícias&docid=06DF60EF4DD136F88325750F0042E678>. Acesso em: 28 nov. 2008. Artigo publicado no site IDG Now em 23 nov. 2008.

DARWIN, Charles. *A origem das espécies*. São Paulo: Larousse Brasil, 2009.

DELOITTE. Redes de um mundo mais complexo. *Mundo Corporativo*, n. 24. abr./jun. 2009. Disponível em: <www.deloitte.com.br>. Acesso em: maio 2010.

COMO OBAMA pode utililzar a internet a seu favor durante o mandato? *Envolverde*. Disponível em: <http://envolverde.ig.com.br/>. Acesso em: 5 jun. 2009.

EUA IRÃO regulamentar divulgação em blogs. *M & M Online*. Disponível em <www.meioemensagem.com.br/novomm/br/Conteudo/?EUA_irao_regulamentar_divulgacao_em_blogs>. Acesso em: 3 abr. 2009. Com informações do *Financial Times* e do *Valor Econômico*.

FARRIS, Paul W. et al. *Métricas de Marketing* — Mais de 50 métricas que todo executivo deve dominar. Porto Alegre: Artmed, 2006.

FORD MOTOR COMPANY E. U. Campanha do Ford Ka no Reino Unido usando a RA com celulares. *YouTube*. Disponível em: <www.youtube.com/watch?v=PrwmHnnSXYo&feature=player_embedded>. Acesso em: 31 ago. 2009.

_____. *Go find it*. Disponível em: <www.ka.ford.eu/default.asp?locale=en-gb>. Acesso em: 28 ago. 2009.

FRIEDMAN, Thomas L. *O mundo é plano*. Rio de Janeiro: Objetiva, 2009.

GODIN, Seth. *Marketing ideavirus:* como transformar suas ideias em epidemias que irão incendiar o mercado?. Rio de Janeiro: Campus, 2000.

GRUPO CULTURAL AFROREGGAE. Partes que constroem um todo — Linguagem AfroReggae. *Slideshare*. Disponível em: <http://www.

slideshare.net/patsario/afroreggae-book-linguagem>. Acesso em: 1º out. 2009.

INTERACTIVE Advertising Bureau — IAB Brasil. *Glossário de métricas e mídia*. Disponível em: <http://iabbrasil.ning.com/profiles/blogs/glossario-de-metricas-e-midia>. Acesso em: 22 out. 2009.

JENKINS, Henry. *Cultura da convergência*. São Paulo: Aleph, 2008.

_____. Transmedia storytelling and entertainment — a syllabus. *Confessions of an Aca-Fan:* Disponível em: <www.henryjenkins.org/2009/08/transmedia_storytelling_and_en.html>. Acesso em: 30 ago. 2009

KOZINETS, Robert. Netnography 2.0. In: BELK, Russell W. (Ed.). *Handbook of qualitative research methods in marketing*. Northhampton, MA: Edward Elgar Publishing, 2006.

KÜLLER, Aline Bellatti. AgênciaClick fecha parceria com "Os alquimistas". *M & M Online*, 26 ago. 2009. Disponível em: <www.meioemensagem.com.br/novomm/br/Conteudo/?AgenciaClick_fecha_parceria_com__Os_Alquimistas_>. Acesso em: 28 ago. 2009.

LEMOS, Alexandre Zagui. Mídias querem ir muito além do ROI. *M & M Online*, 1º set. 2009. Disponível em: <www.mmonline.com.br/eventos/proxxima/2009/noticia/Midias_querem_ir_muito_alem_do_ROI>. Acesso em: maio 2010.

LIMEIRA, Tania M. Vidigal. *E-marketing:* o marketing na internet com casos brasileiros. São Paulo: Saraiva, 2007.

LINDSTROM, Martin. *Brand sense:* a marca multi-sensorial. Porto Alegre: Bookman, 2007. Também disponível em: <www.brand.com/> ou <www.martinlindstrom.com/>. Acesso em: 3 jul. 2009.

LINS, Eduardo. O celular — futura mídia poderosa e segmentada. *Webinsider/UOL*, 31 out. 2005. Disponível em: <http://webinsider.uol.com.br/index.php/2005/10/31/o-celular-futura-midia-poderosa-e-segmentada>. Acesso em: 19 ago. 2009.

LUPETTI, Marcélia. *Planejamento de comunicação*. São Paulo: Futura, 2000.

McLUHAN, Marshall. *A galáxia de Guttemberg*. São Paulo: Cia. Editora Nacional, 1972.

M&M ONLINE — Podcast *Fernando Madeira — Terra*. 13 maio 2009. In: Cobertura do Wave Festival. Disponível em <http://wavefestival.mmonline.com.br/eventos/wavefestival/wavefestival2009/waveFestival!videos.action>. Acesso em: 1º ago. 2009.

MERIGO, Carlos. Cannes Lions 2009: Mil Casmurros/Vídeo-Case. *BRAINSTORM*9. Disponível em: <www.brainstorm9.com.br/2009/06/21/cannes-lions-2009-mil-casmurros-video-case/>. Acesso em: 15 jul. 2009.

MILLWARD BROWN. *BrandDynamics*. Disponível em: <www.millwardbrown.com/sites/millwardbrown/Media/Pdfs/en/Services/BrandDynamics.pdf>. Acesso em: 1º out. 2009.

MINTZBERG, Henri; AHLSTRAND, Bruce; LAMPEL, Joseph. *Safári de estratégia* — Um roteiro pela selva do planejamento estratégico. Porto Alegre: Bookman, 2000.

MUSEUM OF MEDIA HISTORY. Special Projects Division. *Epic 2014*. Disponível em: <http://idorosen.com/mirrors/robinsloan.com/epic/>. Acesso em: 30 jul. 2009.

NETO, Guilherme. Seda integra redes sociais em ação de branded content. *Mundo Marketing*, 9 jul. 2009. Disponível em: <www.mundodomarketing.com.br/5,10294,seda-integra-redes-sociais-em-acao-de-branded-content.htm>. Acesso em: 10 jul. 2009.

OCHMAN, B. L. A importância de monitorar redes sociais. *M & M Online*, 15 abr. 2009. Disponível em: <www.meioemensagem.com.br/novomm/br/Conteudo/?A_importancia_de_monitorar_redes_sociais>. Acesso: 15 abr. 2009.

OGDEN, James R.; CRESCITELLI, Edson. *Comunicação integrada de marketing*. São Paulo: Pearson Prentice Hall, 2007.

OLIVEIRA, Djalma de Pinho Rebouças. *Planejamento estratégico* — Conceitos, metodologia e práticas. São Paulo: Atlas, 2007.

PAGLIUSO, Antonio Tadeu; BEZERRA, Sergio Queiroz (Coords.). *Conceitos fundamentais da excelência em gestão*©. São Paulo: Fundação Nacional da Qualidade, 2006. Disponível em: <www.fnq.org.br/Portals/_FNQ/Documents/ebook-ConceitosFundamentais.pdf>. Acesso em: 4 jul. 2009.

PESQUISA ACCENTURE. *O Globo*, Rio de Janeiro, 4 jul. 2009. Coluna Negócios & Cia., p. 32.

PÓVOA, Marcelo. *Anatomia da internet*. Rio de Janeiro: Casa da Palavra, 2000.

PRETTI, Lucas; GALO, Bruno. Narrativa transmídia vai além da mera campanha. *Estadao.com.br*, 2 mar. 2009. Disponível em: <www.estadao.com.br/noticias/tecnologia+link,narrativa-transmidia-vai-alem-da-mera-campanha,1437,0.shtm#>. Acesso em: 28 ago. 2009.

PRODUTOR de Heroes e Smallville cita exemplos de "narrativa transmídia". *O Globo Online* 22 ago. 2009. Disponível em: <http://oglobo.globo.com/tecnologia/mat/2009/08/22/produtor-de-heroes-smallville-cita-exemplos-de-narrativa-transmidia-767279888.asp>. Acesso em: 31 ago. 2009.

QUEIROZ, Paulo César. Nova realidade, nova métrica. *Meio & Mensagem Online*, n. 1377, 22 set. 2009. Disponível em: <www.mmonline.com.br/noticias!listaDeArtigos.mm?idArticulista=202>. Acesso em: maio 2010.

RHEINGOLD, Howard. *A comunidade virtual*. Lisboa: Gradiva, 1997.

RIES, Al; TROUT, Jack. *Posicionamento* — A batalha pela sua mente. São Paulo: Pioneira Thomson Learning, 2001.

ROCHA, Angela; CHRISTENSEN, Carl. *Marketing* — Teoria e prática no Brasil. São Paulo: Atlas, 2008.

SÁ, Patrícia de. Cheiro pelo celular. In: *Amor ao planeta*. Disponível em: <http://amoraoplaneta.blogspot.com/2008/10/digital-cheiro-pelo-celular.html>. Acesso em: 9 out. 2008. Blog.

SCHULTZ, Don E. Integration is critical for success in 21st century. *Marketing News*, v. 31, n. 15, 1997.

SHIMP, Terence A. *Propaganda e promoção* — Aspectos complementares da comunicação integrada de marketing. Porto Alegre: Bookman, 2002.

TAPSCOTT, Don; WILLLIAMS, Anthony D. *Wikinomics*: como a colaboração em massa pode mudar o seu negócio. Rio de Janeiro: Nova Fronteira, 2007.

TAVARES, Maurício. *Comunicação empresarial e planos de comunicação* — Integrando teoria e prática. São Paulo: Atlas, 2009.

TEIXEIRA, Carlos Alberto. Realidade aumentada — Vamos experimentar? *Fórum PCs*, 31 ago. 2009. Disponível em: <www.forumpcs.com.br/coluna.php?b=258579>. Acesso em: 18 ago. 2009.

TOFFLER, Alvin. *Choque do futuro.* Rio de Janeiro: Record, 2001.

_____. *A terceira onda.* Rio de Janeiro: Record, 2001.

TREND WATCHING.COM. *Off=on.* Sept. 2008. Disponível em: <http://trendwatching.com/trends/offon.htm>. Acesso em: 27 ago. 2009.

TYBOUT, Alice M.; CALKINS, Tim. *Branding.* São Paulo: Atlas, 2006.

WURMAN, Richard Saul. *Ansiedade de informação* — Como transformar informação em compreensão. São Paulo: Cultura Editores Associados, 1991.

ZANINI, Marco Túlio (Org.). *Gestão integrada de ativos intangíveis.* Rio de Janeiro: Qualitymark, 2009.

Sites

Aracruz Celulose: <www.aracruz.com.br/home.do>. Acesso em: maio 2010.

Associação Brasileira de Comunicação Empresarial (Aberje): <www.aberje.com.br/novo/default.asp>. Acesso em: ago. 2009.

Associação Brasileira de Empresas de Pesquisa (Abep): <www.abep.org>. Acesso em: ago. 2009.

Associação Brasileira de Mídia Digital out of home (Abdoh): <www.abdoh.com.br/index-3.html>. Acesso em: ago. 2009.

Associação de Marketing Promocional (Ampro): <www.ampro.com.br/>. Acesso em: maio 2010.

Campaign for real beauty/DOVE: <www.campaignforrealbeauty.com/home_films_evolution_v2.swf>. Acesso em: 3 abr. 2009.

CNN iReport: <www.ireport.com/>. Acesso em: maio 2010.

Conselho Brasileiro de Manejo Florestal — FSC Brasil: <http://www.fsc.org.br/>. Acesso em: ago. 2009.

Conselho Executivo de Normas-Padrão (CENP): <www.cenp.com.br/>. Acesso em: maio 2010.

Construtora Tenda: <www.tenda.com/ra/>. Acesso em: 29 ago. 2009.

Envolverde: <http://envolverde.ig.com.br/>. Acesso em: maio 2010.

Future Store: <www.future-store.org>. Acesso em: maio 2009.

Grupo Cultural AfroReggae: <www.afroreggae.org.br>. Acesso em: maio 2009.

Ibope Inteligência: <www.ibope.com.br/calandraWeb/servlet/CalandraRedirect?temp=5&proj=PortalIBOPE&pub=T&db=caldb&comp=Notícias&docid=7E7AA880823A3F09832574CF0049A6AB>. Acesso em: 15 jul. 2009.

Ideia consumer insigts — Pesquisa e inteligência digital: <www.ideiaconsumerinsights.com.br/>. Acesso em: 2 jul. 2009.

Interbrand — Best global brands 2009: <www.interbrand.com/images/studies/-1_BGB2009_Magazine_Final.pdf>. Acesso em: 10 out. 2009.

Morgan Stanley: <http://media.ft.com/cms/c3852b2e-6f9a-11de-bfc5-00144feabdc0.pdf>. Acesso em: 18 jul. 2009.

Natura: <http://scf.natura.net/SobreANatura/>. Acesso em: maio 2010.

Nokia Tunes: <www.classicalguitarmidi.com/subivic/Tarrega_Gran_Vals.mid>. Acesso em: 25 ago. 2009.

Noronha Advogados: <www.noronhaadvogados.com.br/interna.asp?lang=PT>. Acesso em: maio 2010.

Pepsi Argentina. <www.tomaspecsi.com.ar/>. Acesso em: 25 ago. 2009.

Petrobras: <http://www2.petrobras.com.br/portugues/index.asp>. Acesso em: 15 jul. 2009.

Portal da Sustentabilidade: <www.sustentabilidade.org.br/default.asp>. Acesso em: 13 ago. 2009.

Reputation Institute: <www.reputationinstitute.com>. Acesso em: maio 2009.

Skol Sensation: <www.skolsensation.com.br/realidadeaumentada/>. Acesso em: 31 ago. 2009.

Slideshare: <www.slideshare.net/patsario/brand-analytics>. Acesso em: maio 2010.

Sorgem Evaluation: <www.sorgemeval.com/>. Acesso em: maio 2009.

Tecnisa: <www.tecnisa.com.br/institucional-historia.html>. Acesso em: maio 2009.

Thymus Branding: <www.thymus.com.br>. Acesso em: maio 2009.

Wikipedia:

Fractal Julia Set: <http://pt.wikipedia.org/wiki/Ficheiro:Julia_set_(indigo).png>. Acesso em: 4 jul. 2009.

QR-Code: <http://pt.wikipedia.org/wiki/Ficheiro:Link_pra_pagina_principal_da_Wikipedia-PT_em_codigo_QR_b.svg >. Acesso em: 12 ago. 2009.

Word of Mouth Marketing Association: <http://womma.org/main/>. Acesso em: 4 ago. 2009.

YouTube:

CBS Embeds video player in entertainment weekly magazine: <www.youtube.com/results?search_query=cbs+embeds&search_type=&aq=f>. Acesso em: 31 ago. 2009.

Chevy Tahoe: <www.youtube.com/watch?v=XA6dLFrAFlI>. Acesso em: 15 jul. 2009.

Dove onslaughter: <http://www.youtube.com/watch?v=odI7pQFyjso>. Acesso em: 18 ago. 2009.

Minority report mall scene: <www.youtube.com/watch?v=oBaiKsYUdvg&feature=related>. Acesso em: 15 ago. 2009.

Pipoca com guaraná: <www.youtube.com/watch?v=XCVzgwu7qFg>. Acesso em: 4 jul. 2009.

Realidade aumentada — Skol sensation: <www.youtube.com/watch?v=2-ye-QEiBYg>. Acesso em: 29 ago. 2009.

Social media revolution: <www.youtube.com/watch?v=sIFYPQjYhv8&eurl=http%3A%2F%2Fpanmedialab%2Eorg%2Fblog%2F&feature=player_embedded#t=51>. Acesso em: 28 ago. 2009.

Speed Racer: <www.youtube.com/watch?v=o1VgfuRCR1Q&feature=fvw>. Acesso em: 15 jul. 2009.

The T-mobile dance: <www.youtube.com/watch?v=VQ3d3KigPQM>. Acesso em: 10 jul. 2010.

Os autores

Patricia Riccelli Galante de Sá

Mestre em gestão empresarial pela FGV/Ebape e bacharel em comunicação social/relações públicas pela Facha/RJ. Foi gerente de comunicação dos hotéis Sheraton e Caesar Park, gerente de marketing da TAM e gerente de marca atendendo Natura, Disney, Monsanto, Tilibra e Mogiana. Realizou consultorias, projetos e treinamentos em marketing ou sustentabilidade para Louis Vuitton, secretarias de Turismo de Minas Gerais e Ceará, Henkel, Abap, Fiern, Amcham, entre outras e edita o blog *Amor ao Planeta* (http://amoraoplaneta.blogspot.com). Especialista em reputação corporativa e sustentabilidade, é professora convidada dos cursos de MBA da FGV e Instituto de Economia e Escola Politécnica/UFRJ nas áreas de gestão empresarial, marketing, vendas, gestão de pessoas, de serviços e consultoria empresarial.

Para interagir: e-mail: patsario@gmail.com; Twitter: #patsa; Facebook: Patricia Galante de Sá; Orkut: Patricia Riccelli Galante de Sá; Skype: patsario.

Marie Haim

Mestre em gestão empresarial pela FGV/Ebape e bacharel em economia pela FEA/UFRJ. Com mais de 25 anos de experiência, gerenciou áreas de comunicação e marketing em agências de propaganda e empresas de grande porte, tais como J. Walter Thompson, Artplan, Philip Morris e Brasif Duty Free, e é consultora da Millennium Comunicação Integrada. É professora convidada dos cursos de MBA em Marketing da FGV, ministrando as disciplinas gerência de comunicação, propaganda, promoções, comunicação corporativa, planejamento de campanhas e de mídia.

Para interagir: e-mail: mariehaim@pobox.com; Facebook: Marie Haim.

Ricardo de Castro

Mestre em comunicação social e cultura pela ECO/UFRJ, mestre em psicologia pela PUC-Rio, MBA Executivo em administração de empresas pela Coppead/UFRJ e bacharel em Marketing. É autor de três livros e *e-books* (*Análise e planejamento de marketing*, *Sistemas e tecnologias da comunicação* e *História da comunicação*), colunista da revista *Mundo do Marketing* e especialista em pesquisa em ambientes digitais. Professor convidado de comunicação integrada e propaganda & mídias digitais nos cursos de MBA em Marketing da FGV.

Para interagir: e-mail: rcastro@ricardodecastro.com.br; Twitter: #ricocastro; Facebook: Ricardo de Castro.

Vera Waissman

Mestre em administração pública pela FGV/Ebape, e bacharel em economia pela Fundação Armando Álvares Penteado

(Faap-SP). Com mais de 20 anos de experiência profissional, foi executiva da Aracruz Celulose, General Electric do Brasil, Grupo Pierre Cardin, FCB/Foote, Cone & Belding. Tem realizado consultorias para a FGV, ABN AMRO Banco Real, Petrobras, Novartis, O SOL; Brava/Excell e Hotel Caesar Park, além de ter realizado projetos para as secretarias de Turismo de Minas Gerais e Ceará. É professora convidada dos cursos de MBA da FGV e Instituto de Economia/UFRJ, nas áreas de marketing, gestão empresarial, gestão de pessoas, gestão estratégica de serviços e de vendas, turismo, responsabilidade social e terceiro setor.

Para interagir: e-mail: vera@duzer.com.br; Facebook: Vera Waissman; LinkedIn: Vera Waissman.

Este livro foi impresso nas oficinas gráficas da Editora Vozes Ltda.,
Rua Frei Luís, 100 – Petrópolis, RJ.